Kinder fragen,
Nobelpreisträger antworten

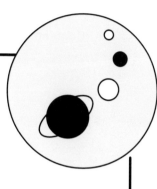

策劃　艾克瑟‧哈克 Axel Hacke
編者　白蒂娜‧史帝克 Bettina Stiekel
吳信如、彭菲菲　譯

諾貝爾大師，
請回答

從科學到哲學，
孩子與諾貝爾大師的22段啟蒙對話

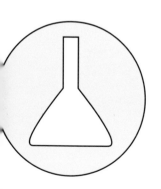

目錄　　Contents

前言
別失去對世界的好奇

　　有時候，我的兒子路易斯會出奇不意地問我一些令人驚訝的問題。例如不久之前他曾問我：「為什麼要有爸爸？」

　　當時我竭力保持神色自若的樣子，然後用反問的方式來回答：「那麼，你覺得為什麼要有爸爸？」

　　這時，五歲的他皺起眉頭，閉上眼睛沉思了好一會，然後慢慢地說：「為了明天帶我去上幼稚園……為了晚上唸故事書給我聽……為了幫我放洗澡水……為了陪我玩……」

　　「好個超級實際的存在意義啊！」我感慨地想著，如果沒有路易斯，如果不能帶他去上幼稚園，如果晚上無法說故事給他聽、幫他放洗澡水，甚至無法陪他玩——我的生命將毫無意義！

　　「那又為什麼要有你呢？」這次換我問他。

　　「為了玩啊！」他說。

　　「好！那我們現在一起來玩吧！」我提議。

　　然後我們開始玩遊戲。我不太記得玩了些什麼，可能是騎馬打仗、在走廊上踢足球，或只是玩遊戲棒。

如今這些都不那麼重要。

我想要說的是，首先，孩子總是會提出一大堆偉大的問題，而且是不假思索的。有哪個成年人會這麼直來直往地問另一個人：「你到底為什麼要存在？」

再者，我們對這些偉大的問題經常啞口無言。我怎麼會知道自己為什麼存在？我連每天早餐想喝咖啡或紅茶這類問題都無法回答了。

最後，雖然我找不到答案，但事情還是有辦法解決——來玩吧！如果路易斯沒有提出這些問題，誰知道我們會不會經常一起享受遊戲時光呢？「問題」總會激起一些漣漪，它們是生活的動力。光是為了尋找某些問題的答案，就能引發人們一連串的想像。我在想，也許在我跟孩子一起玩時，就已經找到正確答案了。

也許，我們存在的目的就是——玩！

世界上出現的第一個問題到底是什麼？又是誰提出的呢？

是上帝嗎？噢！當然不是。上帝命令：「要有光」、「在眾水之間要有穹蒼，把水上下分開」、「天空下面的水要匯集一處，好使大地出現」，而一切就都照祂的命令完成。

是人類嗎？其實人類也很晚才提出第一個問題。

該隱是第一個提出問題的人，當他打死他的弟弟亞伯時，上帝問他：「你兄弟亞伯究竟躲在哪裡？」該隱反問上帝：「我不知道。我豈是看守我兄弟的嗎？」這並不是一個真正的問題，只是一個玩弄辭藻的文字遊戲，十分狂妄地顯示出頑強的抵抗。

我認為，提出第一個問題的應該是蛇。

蛇對女人說：「神禁止你們吃園子裡任何果樹的果子。」雖然在聖經裡缺少了問號，但很顯然，蛇在這裡提出了一個問題：「上帝是否真的這樣說？」

結果大家都知道。亞當和夏娃吃了智慧樹的果子，然後他們發現自己是光著身體的（他們先前並不知道），最後被趕出了伊甸園。人類的不幸從蛇所提出的一個問題開始，雖然我們會質疑，這真的是不幸嗎？人類真的想一輩子都在伊甸園中漫遊，卻連自己是光著身體都不知道嗎？

從那時候起，人們就已經不再了解他們所處的世界，而必須不斷提出問題。我們從哪裡來？要到哪裡去？親愛的，你剛才在想什麼呢？在地球之外還有其他生物嗎？你還有空的雙人房嗎？為什麼雪是白的？是真的白色，還是只是看起來是白的？或是像伍迪・艾倫問的問題：「人死後還有另一次生命嗎？如果有，你可以讓我在下一回生命中，直接變成二十歲的年輕

人嗎？」

　　大問題、小問題、笨問題、聰明的問題、爛問題、好問題、簡單的問題、艱澀的問題——人生充滿了一連串的問題。當我還是一個小男孩時，我最愛和我爸爸玩一種猜首都名稱的遊戲：我爸爸說一個國家的名字，然後問我那個國家的首都叫什麼；或者他說一個首都的名稱，然後問我國名。只要我答對一個問題，他就給我一塊錢。這是我最美的回憶。

　　不知道從什麼時候開始，電視上也開始有類似但比較複雜的（獎金當然也比較多）娛樂節目，叫做：益智問答。以前的名主持人（問題叔叔）是麥格萊（Maegerlein）、海曼多夫（Helmens Dorfer）或是庫倫坎夫（Kulen Kampff），而現在最有名的則是姚賀（Günther Jauch），由他們提出各種問題，讓現場觀眾來回答。遊戲中的問題與答案包羅萬象，深深吸引觀眾，提問題的人展現權威，答對問題的人則感到驕傲滿足，而搶答鈴聲更令人緊張得坐立難安；人們的好奇心得以滿足，豐富的知識讓人目不暇給。

　　人之所以為人，是因為人會提問題。再者，是因為人想回答問題，不管是大問題還是小問題。

　　在這本超棒的書中所收錄的問題都是孩子或大人可能會提出來的「偉大」問題。如果這些問題會讓你

反應尷尬，那麼，孩子們可能會想：也許你不知道答案。地球還會自轉多久？為什麼會有戰爭？什麼是愛？為什麼印地安人不怕痛？為什麼我不能只靠吃薯條過日子？為什麼爸爸和媽媽要去工作呢？到底什麼是空氣？

　　為了回答這些「偉大」的問題，我們最好去請教一些不平凡的「大人物」，這可一點都不誇張，他們是真正懂得如何回答這些大問題的人，這些人當然就是知名的諾貝爾獎得主。如果他們不是該領域的佼佼者，又怎麼能得獎呢？而且如果不能向他們請教問題的答案，我們又何嘗需要這些專家呢？我們要去哪裡找一本書，既可以得知簡潔易懂的固態物理學基礎知識，又可以得到「什麼是愛？」這類偉大問題的答案？此外，我們還能夠在短時間內明瞭：為什麼樹葉是綠色，而不是藍色或黑白格子狀的？

　　有時候，有些問題無法只用閃避、反問或遊戲來回應。孩子們想知道、也有權利知道答案。要是他們停止問問題，失去提問的好奇心，這才是最糟糕的事！

　　在「小熊維尼」的故事中有一幕：小熊維尼去找貓頭鷹，因為他想問問題。到了貓頭鷹家，他看見門環上釘著一張紙條，上面寫著：「如果期待得到答案，請按門鈴。」而在門鈴邊也釘著一張字條：「如果不

期待得到答案，請敲門。」

　　小熊維尼看完紙條後，不管三七二十一，敲敲門、拉拉門環，然後又按按門鈴，緊接著他大聲喊：「貓頭鷹，我是小熊維尼，我就是想要一個答案！」

　　這本書正是為這些人所寫：為那些同時敲門又按門鈴的人，也為那些堅持得到解答而且不甘被輕易敷衍的人。這本書不論大人或是孩子都適合閱讀——可以一起讀，也可以先後分開讀，無論如何讀就對了！

　　因為，這就是這本書存在的意義！

　　更重要的是，對於本書所提出的這些問題，全世界大概找不到更好的答案了。

　　　　　　　　——本書策劃　艾克瑟·哈克 Axel Hacke

為什麼布丁是軟的，
而石頭是硬的？

1985 年諾貝爾物理學獎得主　克勞斯・克利青

「嗯～真好吃！」當你一口一口享受著香草布丁的盛宴時，從舌尖到腸胃都滿載一種滑嫩香甜的感覺，入口即化，你心裡肯定想著：「難怪布丁能夠成為風靡全世界的點心之王。」不過，當你吃著鬆軟的蜜棗蛋糕時，如果不小心咬到硬梆梆的果核，這又是完全相反的感受了！

「軟」跟「硬」到底有什麼不同？為什麼有些東西是硬的，有些東西是軟的？身為物理學家，回答這些問題就是我們的責任了。我們必須試著解釋，這些物體的特性是怎麼來的。

全世界你能夠看到或摸到的所有物體，都是由一百種左右的基本物質所構成，這些基本物質我們稱之為「元素」。各種物體間的差別，像是顏色、形狀或是硬度，都取決於元素的不同組合。讓我們再回想一下生活中多采多姿的事物：世界上有白色、黑色或黃色皮膚的人種；有長得短短的草，也有高高的樹；

有昆蟲、魚類、鳥類和哺乳動物。這都是因為遺傳物質不停重新組合這一百種元素，讓這些生物能夠繁衍出下一代。有些人可能還不知道這個道理喔！問問你的爸爸、媽媽吧！

原子和電子的雜耍秀

　　我承認，你得要有豐富的想像力才能理解這些原理。有一位想像力十足的希臘哲學家、數學家——德謨克利特（Demokrit），他早在兩千四百年前就主張，即使是看似截然不同的東西，也都是由相同的基本物質所組成。他深信，一定有一種最原始的「元件」存在，也就是最小的基本單位。他將這個基本單位命名為：「原子」（希臘文 a-tomos），我們可以翻譯成：「不可分割的」。因為德謨克利特的「原子」是肉眼看不到的，而且對於大多數的人而言也無法想像，所以，他的理論從此被束之高閣。

　　一直到兩千年之後，十七世紀末期，著名的英國科學家牛頓出現。他一直在研究地球及其他星球能夠在固定軌道上互繞運轉的原因。他不停地計算，直到找出一個可以解釋太空中所有星體運動的公式，而這是現代物理學的開端。

相較於德謨克利特，牛頓的理論可以被證明，是因為星體是可見的，人們可以親眼觀測它們的出現和消失。但是，一顆石頭或一盤布丁中的微小基本物質卻是肉眼看不見的。其實那些巨大星體的運動方式，同樣也出現在這些基本的微小物質當中。關於這點，牛頓知道的和德謨克利特一樣少。

今天，大家都知道，每個原子都由一個原子核所組成，而電子圍繞著原子核運轉。這和行星繞著太陽運轉，或月球繞著地球運轉的情形類似。我們所認識的最簡單元素——氫，它只有一個電子繞著原子核運轉。每增加一個繞著原子核的電子，都會改變這個原子的性質，包含原子的重量以及對鄰近原子的引力大小。就像大自然的積木，由此堆砌出所有物質。

所有你所知道的物質，包括布丁和石頭，都是由原子所組成。這些原子結合成各個群體，也就是分子。依照不同的分子組成，會產生不同的化學物質——液體、氣體及固體，而這些化學物質組成了我們的世界。

為了能夠結合，帶著電子的原子首先必須彼此相容。你想像一下，有兩位馬戲團的表演者，他們各自手上都耍弄著好幾顆球，這兩位表演者就像不同的兩顆原子，周圍分別有數顆電子飛繞著。當他們把手上的球向對方拋去，觀眾很難分辨哪一顆球原來是誰的，

兩位表演者必須一起合作才能完成演出。物理學家看到這種情況會說：「啊！這就像兩個原子組成一個分子，他們共有一堆電子。」

　　下一步，分子將要組織成更大的一團物體。不同的分子組成，會形成不同的物質。我們來看看布丁的製作過程：當你把布丁粉倒入牛奶中攪拌時，牛奶中的油脂和蛋白質就會和布丁粉中的澱粉結合，並形成物理學家所說的「分子聚合物」。然後，在混合過程中，液體會愈來愈濃稠，因為有數十億個原子形成了更新、更堅固的鏈結。你曾經想過，每一口你吃下去的布丁中，都隱藏著許多飛繞的電子嗎？

原子排排站的方式

　　接下來，你現在一定迫不及待地想知道，為什麼布丁是軟的？這是因為布丁的分子結合方式並不十分緊密，而且可以很快脫離彼此。如果你把布丁在空氣中放幾天，你就會發現，美味香濃的布丁怎麼突然間變成難以入口的一灘爛糊。

　　相反地，石頭是硬的，必須使用暴力才能毀損它。我們可以把石頭放進極酸的溶液中，或者輪流以強熱和冷凍方式來破壞石頭的結構。如果你把石頭打碎，

你就會看到它的內部閃閃發光，這就是石頭的原子。
這些原子結合成密實、規律的網狀結構，我們稱之為
結晶。因為石頭內部原子彼此間的相容性很高，因此，
這些原子可以互相緊密靠近，並形成一個由數十億顆
原子所組成的規則序列。這種結晶體的表面通常都很
光滑，在光源照射下會閃閃發亮。如果你用顯微鏡觀
察鹽粒，你也會看到這類結晶體。

很幸運地，物理學家不必每天敲碎石頭來分析其
內部結構，因為我們可以在實驗室中製造出實驗用的
結晶體。這類結晶體的組織極為規律，自然界中不會
出現這樣的結晶。像大部分的鑽石原石都不是純白色
的，而是帶有黃色或棕色的光澤。這種現象源自於一
些小錯誤，例如，原本應該有一個原子的位置，卻一
直空著；或者有一個錯誤的原子潛入這個位置。鑽石
裡的原子排列十分緊密，因此，這種物質也就格外堅
硬。

如果相同的原子以不同的方式結合，當然就會形
成另一種物質。鉛筆筆芯和鑽石的原子組成完全相同，
只是其原子結合方式相當鬆散。因此，鉛筆筆芯相較
之下容易被其他結晶體磨損，最後只在紙上留下一抹
線條。

拆開又重組的奈米科技

我任教於斯圖佳特（Stuttgart）的馬克斯─普朗克研究中心（Max-Plank-Institut），這個中心的研究人員主要在探究如何發明出全新物質。例如，我們從一顆原子裡取出三層內部結構，再從另一顆原子取出五層內部結構，然後把這些內部結構像火腿起司三明治一樣相互交錯疊起來。這些工作可以透過電腦模擬，或是實地在特殊儀器中進行。從事這類實驗的實驗室必須極度乾淨，不能有任何污染物。我們甚至要將空氣過濾好幾次。

當新的物質完成之後，我們就用顯微鏡觀察它的內部結構。德謨克利特如果有機會看見這些他堅信存在卻看不見的粒子，會怎麼說呢？對我們而言，能夠把這些物質置於顯微鏡下觀察並試驗，真的是一件令人興奮的事。我們開始進行多項測試：

我們想知道，這些自製的新物質有哪些特性？

它是否穩定還是容易碎裂？

它能否導電？

它有沒有磁力？

我們也希望能解決一些實際的問題，例如，為交通工具發明一種新的引擎，可以使用新的燃料，而不

會再污染空氣。

你現在一定以為你已經了解，為什麼布丁是軟的，而石頭是硬的。其實，你所知道的還只是皮毛而已。

就像把一塊塊石頭堆疊成一座山丘，我們物理學家也可以用原子組成微觀的形貌。形貌的一部分做得像石頭或碗的邊緣一樣堅硬且不透明；另一部分則做得像碗中的布丁一樣柔軟光滑。就這樣，一座電子無法穿過的山，或是一條電子可以四處流竄的河流就形成了。

這個原子形貌可以架設在一顆微電腦晶片上，並且操控電器，所以單獨一顆電子就可以像開關的按鈕一樣，開啟或關閉機器的電源。然後你將發現，肉眼看不見的原子和電子，在今天居然可以從事過去必須仰賴大機器才能完成的工作。這不是太棒了嗎？從雷射音響到洗衣機，家中許多物品其實都是依照這個原理運作的。

把原子形貌拆開又重組的過程，我們稱之為「奈米科技」（Nanotechnologie）。希臘文中「奈米」就是「侏儒」的意思。我們想像一下，你將一把一公尺的捲尺分成十個大小相同的部分。這時，你手中就有十條十公尺長的布條。如果你再把其中一條布條分成十等份，就成了十條一公分的布條，再重複一次，布

條就會變成一公釐，如此一直反覆進行下去。如果你將這個工作重複九次的話，就會變成一「奈米」長的布條。為了了解物質的結構，我們就必須把創造出來的物質分成這麼小的部分來觀察。

　　光看這些組成結構如何，是鬆散或緊密，就可以決定我們創造的新物質是像布丁一樣柔軟，還是像石頭一樣堅硬。

（記錄：Petra Thorbriez）

▌克勞斯・克利青（Klaus von Klitzing）

1985 年諾貝爾物理學獎得主，1943 年 6 月 8 日生。因為研究應用於奈米科技的量子霍爾效應（Quanten-Hall effect）而獲獎。

目前任教於德國斯圖佳特的馬克斯—普朗克研究中心。

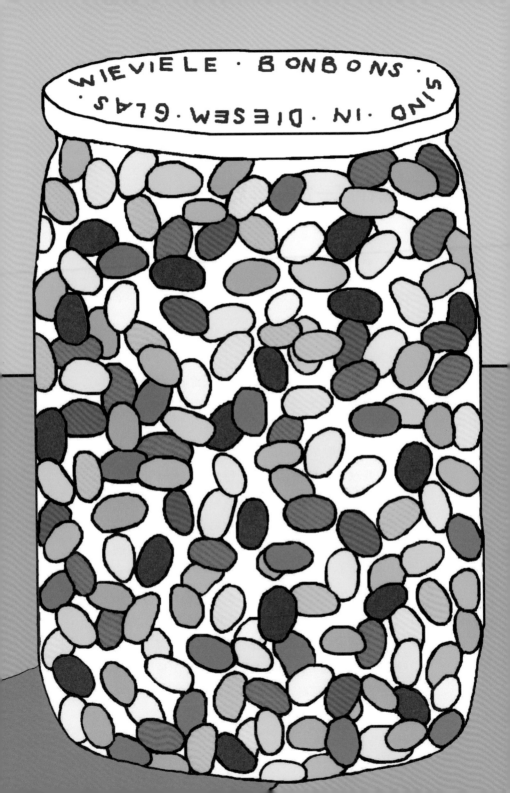

為什麼一加一等於二？

1974 年費爾茲獎得主　思里科・彭比耶利

　　有一天，隔壁雜貨店的老闆突發奇想。他把裝滿糖果的玻璃罐放在店門口的桌上，並許下承諾：「誰能猜出罐子裡的糖果有幾顆，就把整罐糖果送給他！」由於我是一個數學家，當然不希望用「猜」的，而想確實「算」出罐子裡的糖果數目。

　　怎麼算呢？

　　我試著用目測。先估計每顆糖果的大小，再推估糖果之間的空隙有多大，以及整個玻璃罐的大小。有了這些數字之後，我就可以約略算出糖果的數目。可惜，我算出的答案離正確數字太遠了，而其他顧客也好不了多少。

　　人類的眼睛很容易看出水果籃裡到底有四顆還是五顆蘋果，但是遇到十個以上的物品時，我們就無法一目了然。我們絕對不可能一眼就猜出罐子裡的糖果數目。同樣地，我們也很難用目測算出糖果之間的空隙有幾公釐，那必須用特別的儀器才能量得出來。

　　雖然，我沒有猜出正確的糖果數，無法抱走整罐糖果，但這是一個很好的例子，讓你們了解數學家是如何解決問題的：為了簡化問題，我們先找出重要的基本單位，以及這些基本單位之間的關聯性，在這個例子中，就是糖果的大小、彼此間空隙的距離及玻璃罐的體積，確認這些數字後，在處理這類數字間的關係才能估算糖果數量。

數字的骨牌遊戲

　　整個數學領域都在處理這類數字間的關係。一切都源自於「數數」。雖然「數數」對我們來說是再自然不過的事了，但是，你看出它背後所隱藏的重要原則了嗎？

　　什麼是「數數」？

　　為什麼 1 + 1 = 2 ？

　　想知道答案之前，先得仔細觀察你是如何「數數」的。你怎麼估算罐子裡的糖果數？你先拿一顆糖果出來放在桌上，然後再拿另一顆糖果放在它的旁邊，若這時有人問：「你拿出幾顆糖果？」

　　你會毫不猶豫地回答：「兩顆！」我們自然而然地把這兩顆糖果放在一起，這就是 1 + 1 = 2。

　　從一個物品變成兩個物品，我們所邁出的這一步就是「數數」，也是「算術的基礎」。跨出這一步之後，我們就可以繼續進行下去。你從罐子裡再拿出一顆糖果，這下子就成了 $2 + 1 = 3$。

　　「算術」最初的意義就是，不斷把一個數字擺到前一個數字上面。簡要地說明這個數字原則：從「1」個單位開始，把 1 加上去，等於 2，再把 1 加上去，等於 3……如此持續下去。

　　數學家們把 2 稱為 1 的「下個數」，3 是 2 的「下個數」，以此類推。「$1 + 1 = 2$」是一個確定的算式，它同時在說：「2 是 1 的下個數」。除了「下個數」原則，算術還有其他規則。例如，你可以先算 2 再加上 3，也可以先算 3 再加上 2，數字的順序對結果沒有影響，用這兩種方法你最後都會得出五顆糖果。這個原則用數學公式表示則是：

　　$2 + 3 = 3 + 2$

　　如果我們了解算術的基本規則，就能進一步導出其他規則。例如我們可以導出 $2 + 3 = 5$ 這個算式，這就是說，我們可以用算術的基本規則證明出 $2 + 3$ 真的等於 5。證明的過程我在本文結尾再告訴你們。

　　你現在一定想問：「我們為什麼要證明 $2 + 3 = 5$ 這麼簡單的事呢？」嗯，你的質疑並非沒有道理，因

為沒有人會極力主張：「2 + 3 = 6」。雖然如此，依照我們數學家的經驗，有些「看似理所當然」的事，還是應該和難解的習題一樣經過驗證。

數學裡有許多理論架構，各理論之間緊密相連，一旦發現其中一個錯誤，它們就會如同骨牌遊戲一樣，接二連三地倒下來，一併拖垮相關理論。

數學就是這麼嚴謹！

跨出每一小步都必須有足夠的理由，否則就有全盤皆非的危險。為了防止這種不幸的意外發生，過去三千年的數學發展史中，數學家為這門科學發明了獨特且精確的語言。感謝這類數學語言，全世界的數學家才能檢驗彼此的研究成果。不過，檢驗的過程通常十分漫長而艱辛，有些數學證明甚至長達數百頁。

「數字巨獸」的長相

如此專門的數學語言也有一些缺點：它會讓外行人望之卻步，因為根本搞不懂它在說些什麼。即便是數學家們彼此討論見解，偶爾也會有不清楚對方想表達什麼的時候。數學的涵蓋領域非常遼闊，沒有人能夠完全掌握。

幸好，還是有一些簡單而有趣的數學問題，不會

讓你們覺得太無聊！例如，有沒有一個數大到沒有其
他數能比它還大？答案是：「沒有！」因為你永遠都
可以在數字後面加上一個 1，然後就會得到比原來大的
數。所以，數字能從 1、2、3……一直數下去，無窮
無盡。

　　數的無窮性會導致一個特別的現象：我們無法寫
出一個最大最大最大……的數，即使你想破頭也想不
出簡寫的方法。在宇宙中，沒有這麼大張的紙，也沒
有這麼多的墨水，讓你寫出這個大到無限的數。我們
也想像不出到底這隻「數字巨獸」有多龐大！我們知
道牠的存在，但卻不知道牠長得什麼樣子。

　　除了「數字巨獸」之外，數學還有其他好玩的問
題。看完「最大」之後，讓我們來看看「最小」。趕
快去找一把尺，你會看見尺上每一公分都被分為十等
分，每一等分叫做一公釐。這個分割原則就是「十進
位系統」。我們寫數字的時候，用的也是十進位系統：
從 0 到 9 總共有十個數碼，它們是一切數字的基礎。
2001 年的 2001，和十進位小數點 0.333333……（把
1 除以 3 所得的結果）都是這些數碼的排列組合。

　　好，現在想像把一公釐再分成十等分，每一等分
再分成十等分，如此永遠繼續下去。「啊，怎麼辦！
停不下來！」你發現了吧，利用簡單的「分成十等分

原則」也會像「數字巨獸」一樣，導出更複雜的問題。

幾百年來，數學家們不斷致力於擴大數的空間。他們因而發現了一個數學的重要原則：不管我們怎麼描述一個東西，用長度舉例，你可以用代數的 0.5 來表示，或用幾何方式的 1：2 來表示，這些數學描述都只是一種「標誌」，而不是事物本身。就像你女朋友的照片只是她的圖像，而不是她本人。

然而，你卻可以透過正確的描述或測量來認識一項事物或一個人。如果我問你：「那堆人當中，有一個打著紅領帶、拿著黃色書本的是誰啊？」你馬上就會知道我指的是哪一個人。相反地，如果我只問：「那個穿長褲的人是誰？」你可能很難從一堆男生當中找出我所說的人。

如果你繼續研究數學問題，你很快就會發現，在數學中，單獨的事物並不重要，重點在於找出不同事物之間的關係，也就是「數學關係」，事物本身反而不是研究的目標。我認為，數學就是在研究「關係」。所以，數學家整天埋頭於藏滿了「關係」的數學公式中，他們必須找出哪些「關係」是最基本的，是其他「關係」的基礎。就像文章一開始，我們追根究柢地探討 1、2、3 這些數的「關係」結構。

土星外圍光環的祕密

在這趟抽象的數學之旅結束後，讓我們來看一個具體的例子，證明各種不同的事物可能擁有相同的數學關係。你一定曾在電視或雜誌上看過土星光環的照片吧！這個光環是由許多小石塊和冰塊所組成，它們不停地圍繞在土星外圍旋轉。

一百多年前法國數學家拉普拉斯（Laplace）率先發現這個光環，他覺得很奇怪：「為什麼光環不會掉下來？」拉普拉斯開始研究並計算土星光環的穩定度，發明了今天我們熟知的「拉普拉斯方程式」，這是一個描述平衡狀態的數學公式。

後來，人們發現「拉普拉斯方程式」不只在天文學扮演重要的角色，若我們想要鋪設一條電話線路，以增加生活的便利時，也會用得到「拉普拉斯方程式」。你現在心裡一定在想：「電話線跟土星有什麼關係？」

我告訴你們：「一點關係也沒有！」

不過，描述電話線路功能和土星光環平衡的數學語言卻完全一樣，兩者都是「拉普拉斯方程式」的忠實信徒。這不是很有趣嗎？

質數的未解謎題

四十年來，我一直想要解開一個謎題，這個謎題跟所謂的「質數」有關。「質數」就是只能被 1 和它自己整除的數。2、3、5、7、11 都是質數，你算算看就知道了。所有的偶數，除了 2 之外，當然都不是質數，因為它們都可以被 2 整除。不過，9 也不是質數，它可以被 3 整除。所有的質數都是奇數，喔，我差點忘了，2 是所有質數中唯一的偶數。此外，我還可以證明，質數有無限多個！

為什麼我覺得質數特別有趣呢？因為它們是所有數的基礎：每個數都是質數的乘積，古時候的希臘哲人早就知道了，也就是說，我們可以把每個數化簡成幾個質數的乘積。例如，$25 \times 33 = 5 \times 5 \times 3 \times 11$。

再回想一下有關數 1、2、3……的簡單法則：從 1 開始，每次加上一個 1。類似的法則對質數可不適用：從 2 開始，然後是 3、5、7、11、13、17、19、23……。如果你隨便找出一個質數，想要用特定規則馬上算出下一個質數，很抱歉，要讓你失望了。我們當然可以列出一張質數的表，逐項計算、檢驗，看看它除了 1 和自己之外，還能不能被其他數字除盡，然而這不是法則，也實在不是件容易的事。

　　說到這裡，我們再回憶一下前面提到的「數字巨獸」。光是要在四十位數的「小」巨獸之內，算出所有的質數，你就得花上一輩子！只有智慧型的電腦程式能夠在很短的時間內辦到。所以，很大很大的質數，就能當成網路銀行的轉帳密碼。

　　也因為質數很難被掌握，所以它很適合當作訊息加密數字。質數能夠在日常商業交易上扮演如此重要的角色，我這個數學家也感到驚喜。

　　比列出所有質數數列更有挑戰性的，是回答這個問題：在某個數之後出現質數，是純屬巧合還是有規則可循？很久以來，許多優秀的數學家就在尋找這個法則。大約一百五十年前，德國數學家黎曼（Bernhard Riemann）猜測出這個法則，但至今仍沒有人可以證明他的假說。

　　即使如此，大部分數學家還是相信黎曼假說是正確的。為什麼「黎曼假說」這麼難以證明呢？這是一個「祕密」。我也在嘗試解開這個謎題。不過，愈來愈多的跡象顯示，在這個謎題背後隱藏著許多新的基礎知識。所以，質數問題被視為數學領域中最重要的「未解謎題」。

數學是座遊樂園

　　這個讓許多資深數學家恨得牙癢癢的難題，對年輕人來說，當然是一種有力的動機，吸引他們投入數學研究的行列。一旦找出解答，他們便能夠在思想上開創出無限的可能性。當然，每一個步驟都必須符合數學原理，否則還是徒勞無功。

　　這就像藝術一樣。畫家只要學會了繪畫技巧，他就可以自己決定，他想用畫筆在畫布上表現什麼，或不想表現什麼。

　　「什麼是數學的技巧呢？」也許你會想問。這個問題我用前面答應「表演」給你們看的數學證明來解釋。我們現在要證明 $2 + 3 = 5$ 這個論點。想要證明 $2 + 3 = 5$，其實只要證明 $2 + 3 = 4 + 1$ 就可以了，因為 $4 + 1$ 代表 4 的下個數，也就是 5。

　　這項證明一共有三個步驟。我們知道，2 是 1 的下個數，等於 $1 + 1$；而 3 是 2 的下個數，等於 $2 + 1$。所以，我們可以把 $2 + 3$ 寫成 $(1 + 1) + (2 + 1)$，括號在這裡提示我們，括號內的算式必須先運算。第二步，我們必須把剩下一個 2 用 $1 + 1$ 取代（因為 2 是 1 的下個數），然後會得出 $(1 + 1) + ((1 + 1) + 1)$。最後，我們要利用另一個算術規則：算式中括

號的位置可以調換。於是，我們就可以把（1＋1）＋
（（1＋1）＋1），改寫成（1＋1＋1＋1）＋1。
證明到此已經完成了。因為 1＋1＋1＋1＝4，所
以 2＋3＝4＋1，也就是 4 的下個數。

很多人會對這麼嚴謹的證明不耐煩，但也有些人
喜歡進行邏輯思考。若你屬於喜歡邏輯思考的人，就
必須多看一點有趣的書，刺激你繼續探討比 1＋1＝
2 還要深入的問題。

「數學」就像一座種著各類奇花異草的花園，值
得你好好觀賞。但是，千萬別忘了，所有科學都一樣，
它們都不是生命的全部。世界上還有一些更重要的事
情，其中最重要的就是「人性」。我是一個同時具有
聽覺障礙和智能障礙的女孩的父親，雖然她身體有缺
陷，但她對我來說是寶貴的生命奇蹟。我從她身上學
到的生命意義，比從數學理論學到的還多得多。她是
我生命中最美好的體驗。

（記錄：Andre Behr，中文版內容由台大數學系翁秉
仁教授審訂）

▌ 恩里科・彭比耶利（Enrico Bombieri）

1974 年費爾茲獎（The Fields Medal）得主，1940 年 11 月 26 日生於義大利米蘭。由於在數學領域的傑出成就而獲獎。該獎項每四年頒發一次，是全球數學界的最高榮譽獎項，相當於數學界的諾貝爾獎。他目前在美國紐澤西州的普林斯頓高等研究院數學研究所從事教學和研究工作。

為什麼我不能只靠吃薯條過日子？

1993 年諾貝爾生理醫學獎得主　理查・羅勃茲

西班牙人在十六世紀征服印加帝國的時候，他們發現南美洲的印地安人不只有很多黃金，還有一種新奇的植物——馬鈴薯，它的塊狀莖可以食用。

到了今天，馬鈴薯已經是一種風行全世界的食物，和稻米、麥子及玉米一樣，都是我們的寶貴糧食。藝術家們雕繪馬鈴薯，詩人們寫詩稱頌它，人們為它豎立起紀念碑，德國西南部甚至還有「馬鈴薯博物館」呢！因為在缺乏糧食的時候，人們至少還有馬鈴薯可以吃，它曾經拯救許多人的生命。

這時候你應該要問，既然馬鈴薯這麼「偉大」，為什麼爸爸和媽媽會反對我們每天只吃薯條過日子，反正薯條不也是馬鈴薯做的？每家速食店都有賣薯條啊！

你知道馬鈴薯變成盤子裡一條條香脆、金黃色的薯條之前，到底是怎麼處理的嗎？食品工廠必須先將馬鈴薯削皮、切塊，再把一小條、一小條的馬鈴薯丟

到油鍋中炸熟，之後立刻急速冷凍，然後才賣給速食店。因此，速食店從冰箱中拿出來的解凍薯條，其實已經在過老的油中炸過，而且都加了過多的鹽。如果薯條不新鮮、煮法也不健康的話，它根本就不是什麼好的營養來源。即使你在薯條上面加了再多蕃茄醬或胡椒粉也無濟於事！

小心身體向你「抱怨」

那麼，到底什麼才是有營養的食物，吃了之後可以讓你身體強健、精力充沛？什麼才是健康的飲食習慣？

你一定有這樣的經驗：如果吃了一大堆冰淇淋或巧克力，你的胃就會開始不舒服，然後變成肚子痛，最慘的是可能還會嘔吐。所以，同一種食物絕對不能一次吃太多。還有，我們必須多喝一點水，人體中大約有三分之二都是水喔！如果沒有水的話，我們可能活不過一週。除此之外，每個人也都需要各種維生素、礦物質、蛋白質、脂肪和碳水化合物。如果你長期缺少這些物質，那麼你的身體機能就會出問題，甚至生病。

每一種營養應該吃多少才對呢？這個問題沒有標

準答案。例如小寶寶跟大人所需要的營養成分就不一樣，一位超級運動員跟一位老人的營養需求也不一樣。即使是兩個身高體重類似、工作性質類似的男孩，他們需要的營養成分也不一定相同。

也許你已經知道了，我們身體的種種特性都是由基因來決定，而每個人的基因都不同。有些人可以很有效地利用各種營養，用醫學的名詞來說，就是新陳代謝良好；有些人則相反，即使跟其他人吃一樣的食物，他們卻很容易發胖，也就是說，他們代謝得比較慢。

沒有人確實知道，你的新陳代謝基因是快還是慢，而且每一位營養師的看法也不盡相同，所以最好的方法是去「聽」你身體的聲音，並且遵照一句大家都耳熟能詳的話去做：「不要吃太多！」身體所需要的營養比你想像中的還要少。而到底是多少，你的胃會告訴你：如果餓了，它就會咕嚕咕嚕叫；如果太飽了，它就會消化不良。

只吃薯條大有問題

還有一點，你一定要盡可能地吃多種類型的食物。有一些食物可能富含某種維他命，例如紅蘿蔔。紅蘿

蔔含有大量的 β 胡蘿蔔素，你的身體可以將這種物質
轉變成維生素 A。而其他美味的食物則可能含有豐富
的特殊蛋白質，例如魚類。魚類含有許多易於消化的
蛋白質。如果你一天三餐中，包含了魚類、蔬菜，再
加上水果或沙拉，就是很不錯的營養來源了。

　　你現在一定急著想知道，如果你一直只吃薯條，
為什麼會很糟糕吧？答案很簡單：因為你很快就會缺
少重要的營養。

　　先來談談維生素吧！雖然我們身體不需要大量的
維生素，不過大部分的維生素身體都無法自行製造。
馬鈴薯最主要的營養成分是維生素 C，但是幾乎沒有
維生素 K 和 A。維生素 K 的主要工作是讓血液凝結，
假如你流血了，透過維生素 K 能夠止血。維生素 A 的
主要工作是讓眼睛運作正常，若缺少維生素 A，在夜
晚時眼睛就不容易看得見。長期缺少維生素 A 甚至會
讓眼睛失明，很多非洲的孩子就是因此而失明的。

　　如果你只吃薯條，你的牙齒也將漸漸變壞，你的
骨骼會容易折損。因為馬鈴薯裡只有極少量的鈣質。
可是在你的一生中，你的骨骼必須經常補充新的鈣質，
只吃薯條將會造成身體缺乏鈣。此外，當你狼吞虎嚥
吞下一大堆的薯條時，你同時也攝取了過多的鈉，因
為薯條加了很多鹽，而食鹽裡含有大量的礦物質——

鈉。雖然，正確的鈉含量對我們的身體很重要，可以讓我們調節體溫，但是太多的鈉反而會造成某些人的高血壓。

薯條本身僅含少量的蛋白質。而蛋白質對人體扮演著十分重要的角色，是生命的守護者。細胞是所有生命體的組成單位，它的基本構造成分就是蛋白質。如果沒有蛋白質，你就沒有肌肉。等一下我們還會仔細討論一種特別的蛋白質——酵素，它們會調節新陳代謝。

即使有這麼多缺點，薯條並非一無是處，至少它還能提供身體一些能量，因為馬鈴薯含有大量的澱粉，它是碳水化合物的一種。碳水化合物是人體器官主要的能量來源。

人體是如何從食物中獲取需要的營養？新陳代謝又是如何進行的呢？

新陳代謝「拆解」養分

可以想像一下：你有一棟用樂高積木蓋成的大廈，現在想要拆掉重蓋，你會怎麼做？你會先把積本一塊、一塊拆下來，然後再依照你想要的方式重新組合。人體中新陳代謝的運作方式也是一樣。我們吃下去的所

有食物，幾乎都會在人體中被逐步地「拆解」掉。先由牙齒負責咬碎，接著透過化學反應來進行消化。

為了讓你們更容易了解化學反應的過程，現在讓我們回想一下〈為什麼布丁是軟的，而石頭是硬的？〉的內容。在那一章你們已經學到，自然界中所有的物質都是由微小的原子所組成，它們經常會組合成分子，例如在水的分子中，就隱藏著一個氧原子和兩個氫原子。所以，化學家們稱水為「H_2O」。分子也很喜歡彼此結合成更大的分子。蛋白質就屬於這類巨大的分子，是由很多叫做「胺基酸」的小分子所組成。不同的胺基酸組合就會形成不同種類的蛋白質。

如果兩顆原子的性質相符，它們就會彼此結合，有時候還會牢牢黏在一個分子上，就像你把一個樂高積木嵌入房子新蓋的牆上一樣。相反地，原子或分子間的組合體也會分裂，就像你把積木方塊從房子牆上拆下來一樣。這些分子（營養成分的基本結構）的結合、分裂和重組，在你我的身體中不斷進行。為了使這個過程及新陳代謝順利運作，就必須符合某些必要條件。

身體需要許多水分及能量，這大部分是從脂肪和碳水化合物轉變而來。而新陳代謝只能藉由酵素運行，就像我們化學家所說的，酵素是一種觸媒。也就是說，

酵素會助化學反應一臂之力，否則在我們三十七度的體溫下，這些化學反應是無法完成的。

當你吃蔬菜或水果時，你一定不會想：「我現在在吃一堆像樂高積木一樣的分子！」你吃著菠菜的綠葉、蘆筍的嫩芽及草莓的果實，這些都是植物的部分器官，也跟人體器官一樣，由不同的「樂高分子」所組成，這些小小的組成成分，就是形成人體心、肺、胃、骨骼和皮膚的「原料」。我們從動物或植物攝取胺基酸，然後再重新組合成其他新的蛋白質。

好啦！讓我們再回到新陳代謝的循環。人體可以透過這個循環獲取所需的「原料」。嘴巴是循環的開始：當你將薯條塞進嘴裡，先用牙齒把薯條咬成小塊，然後再和唾液混合。我們唾液中含有酵素，這些酵素馬上展開工作，將較大的薯條分子結構鬆開。接著你把薯條吞進胃裡面，在那裡有一大堆酸液和酵素等著它們，繼續把大分子結構分解成身體可以利用的小分子。

消化的接力賽

不過你可能會問：「酵素如何從食物中認出哪些是營養成分呢？」酵素是一種特殊的蛋白質，而所有的蛋白質都是由胺基酸組成，所以酵素也不例外。這

些酵素中的胺基酸按照順序排成一條長鏈，然後這條長鏈會再折疊起來，形成一個個小小的袋狀物，就像袋子一樣。在這些袋子裡配有適當的化學物質，由特定酵素負責加工。

我用澱粉的消化來舉例：薯條的澱粉在人體中會轉變成醣質，身體各器官就從這些醣質獲取能量。如果醣質在酵素袋子裡遇上特定的消化酵素，就會像被老虎鉗夾住一樣固定不動，然後酵素就把醣分子中各個原子間的「螺絲」一個個鬆開，用化學術語來說就是，酵素使醣分子中的原子鍵結分離。此時，藏在原子鍵結中的能量就會被釋放出來。

你一定也知道，消化作用不只發生在胃裡。從嘴巴、胃、小腸到大腸，這些營養成分一站接著一站被分解吸收。就好像在一條生產線上，每一段都有負責的蛋白質和其他幫手，它們隨時準備把珍貴的營養物質從食物中擷取出來。至於那些沒有用的廢物就被排到馬桶裡，而有用的物質則被運送到需要它們的地方。

負責養分運輸任務的，同樣也是蛋白質。在消化道壁內有一種「上皮細胞」，這種細胞中也有負責吸收的蛋白質，像酵素一樣形成袋狀，可以確實分辨出胺基酸和維生素。不過，食物分子這次並不會在這個袋內被「拆解」，而是像接力賽一樣，一棒接一棒地

被傳遞下去。透過這種方式，營養物質會慢慢抵達細胞或直接進入血液。血液循環對於遠距離的運輸特別重要。血液中運送的不只是氧氣和營養物質，還有其他重要成分，例如幫助我們抵抗疾病的抗體。

以前，我們都只重視讓我們生病的「壞細菌」。如今我們已經知道，也有一些對人體有幫助的「好細菌」。最好的例子就是優格裡的乳酸菌。市面上有一些乳製品，特別加入這類有益的乳酸菌。

在我們的腸道裡，有成千上萬的不同細菌到處遊走，牠們特別喜歡醣質和纖維質，而馬鈴薯中就含有很多這些成分。每次你吃東西的時候，就會有新的細菌進入腸道，而舊的細菌就會死亡或排出。牠們當中有哪些對健康有益，哪些對人體有害，我們目前還無法詳細分辨。

這些單細胞體中的九〇％都還是「無名氏」，更沒有人研究過牠們。因為細菌的大小不到我們皮膚細胞的十分之一，所以必須用很特別的儀器才能仔細觀察牠們。幾年來，我都在努力研究這些微小的神祕生物，特別是細菌產生的酵素，細菌會利用這些酵素抵禦敵人，像是病毒。如果我們進一步研究細菌，就能夠更了解酵素的功能，以及酵素對人類的意義。我們也許可以因此發明新的藥物，用來治療由細菌引發的

疾病。

　　如你所見，化學家和醫學家對於營養的作用還所知甚少。所以，每個人都應該找出對自己健康最有幫助的飲食方式。不過，有一點我可以保證：如果你只吃薯條，你的麻煩可就大了！即使我也很想把薯條當成三餐來吃，但我還是必須克制自己，並且切實遵行我在本文中給你們的良心建議。

（記錄：Andre Behr）

▌理查・羅勃茲（Richard J. Roberts）

1993 年諾貝爾生理醫學獎得主，1943 年 9 月 6 日生。因為發現非連續基因（分裂基因），而和夏普（Phillip A. Sharp）共同獲獎。羅勃茲目前是美國麻州「新英格蘭生物實驗室」公司（New England Biolabs）的研究主任之一。

不久我就能有一個分身嗎？

1995年諾貝爾醫學獎得主　艾瑞克·魏區豪斯

　　想像一下，一早起床時，當然如往常般已經太晚了，正一股腦要衝去浴室，但是浴室的門卻緊閉著。「到底誰在裡面啊？快出來！」你一面叫、一面用力捶門。「好啦！我出來了！」裡面有個聲音回答你，然後門就打開了，一個人站在你面前——正是你自己！「我用了你的牙刷，你應該不會生氣吧？」那個「你」愉快地說著，從你旁邊擠出門去。「失陪了，我現在必須去學校，我已經遲到了！」於是那個「你」就一溜煙地跑出家門。這可能嗎？突然間有一個你的「複製分身」站在你面前？他長得跟你一模一樣，你跟他可以隨時互換角色，就像雙胞胎一樣？

暫時還不會有複製人

　　別擔心，我可以向你保證，「暫時」還不會有人跟你搶著用牙刷。因為你在報紙或電視上看到的「無

性繁殖」（簡單地說，就是「複製」），還無法適用於人類身上。「無性繁殖」是一種技術，可以將同一個動物或植物複製成兩個。這可不是變魔術喔！真的可以辦到，只是比較辛苦一點而已。一九九六年七月五日，在蘇格蘭誕生了一頭小羊「桃莉」。「桃莉」是第一頭完全從另一頭母羊複製出來的小羊，這頭母羊只比桃莉大七個月。不過，桃莉沒有爸爸！

　　你一定急著想知道這裡面的奧祕吧！首先你必須先了解「你」是怎麼來的。一切從媽媽肚子裡的卵細胞跟爸爸的精子細胞結合受孕開始。過程是這樣子的：爸爸將一些「液體」（醫學名詞稱為：精液）射進媽媽的子宮裡，這些液體中含有成千上萬個微小精蟲，牠們是很小、很小的「動物」，有一條長長且不停抖動的尾巴，個個爭先恐後地衝向媽媽的卵子。「優勝者」會奮力將頭鑽進卵子柔軟的外皮內，並且甩掉長尾巴，因為接下去的運作過程不再需要尾巴了。精蟲努力抵達卵子的最內層，然後使頭部的外皮慢慢脫落，並且釋放出藏在裡面的精核。精核裡攜帶著爸爸的遺傳物質，以便把這些遺傳特性轉移給你，也許是眼睛的顏色或語言的天分。

　　如果你很會彈鋼琴，也許這是來自媽媽的遺傳，而這些遺傳物質藏在媽媽的卵核裡。爸爸的精核和媽

媽的卵核兩者結合相融，同時它們所攜帶的遺傳物質——基因也會混合在一起。透過這種融合過程，卵細胞就完成「受精」了。緊接著，這個受精卵會開始分裂：首先變成兩個、然後四個、八個……一直繼續下去。九個月之後，你就長成一個成熟的嬰兒，然後可以離開媽媽的肚子出生了！

所以，你的身體有一半來自爸爸，一半來自媽媽。不過，你還是你自己，跟他們是完全不一樣的人，因為這些遺傳物質在受精的時候已經重新混合了。有時候你也會發現，自己不太像父母親，反而有一個像叔叔的鼻子或者像曾祖母的頭髮。其實你跟他們都是親戚，也就是說，你的基因有一部分跟他們的一樣。此外，你身上所具有的許多遺傳結構，只有一小部分會表現出來，成為你的個人特質。不久前我們才知道每個人大約是由三萬個基因所組成，而每一個嬰兒的出生就代表一個新基因組合的誕生。每個人都是獨一無二的。嗯……等一下，有一個例外的狀況，如果老天爺心情好，讓胚胎在一開始就分裂成兩個群組，這兩個群組不會連在一起，而是各自成為成長為人。由於這兩個人來自同一個受精卵，所以他們擁有相同的遺傳結構。我們稱他們為「同卵雙胞胎」，他們不只外表相像，連興趣都可能很類似，即使各自在不同的環

境成長，他們都可能會傾向相同的音樂、食物、顏色
或工作。

複製人的原理和雙胞胎類似

　　雖然同卵雙胞胎彼此那麼相像，畢竟他們還是不
同的兩個人。這是因為他們出生的時候，和你我一樣，
還有很多部分都尚未發展完成。他們遊戲、學習，在
家裡或學校中得到不同的生活經驗，有不同的命運安
排，不論是幸運或倒楣，這一切都會影響他們的人格
發展。

　　這跟「無性繁殖」有什麼關係呢？「無性繁殖」
的原理和「雙胞胎」很類似。只是「無性繁殖」並非
隨機從受精卵的分裂產生，而是在實驗室裡利用一般
身體細胞來進行，過程十分複雜。你身上的所有細胞
都源自於同一個受精卵，所以不管是頭髮或皮膚，每
一個細胞都帶著相同的基因。既然如此，為什麼看起
來卻不一樣呢？這是因為在每個細胞裡只有一部分的
基因形態會被「啟動」，其他的基因都在細胞核裡隱
藏著，而每個細胞都完整地擁有你從父母那遺傳得來
的基因組。等一等，這裡還有一個例外：女孩的卵細
胞和男孩的精子細胞。這兩種細胞中只有其他身體細

胞一半的基因組合。這些知識對你非常重要，等你長大之後，如果你想要有孩子，你就必須先找到你的「另一半」，讓卵子與精子結合，如此才能獲得另一半的基因。不過這是來自不同人的基因。所以，生出來的孩子絕對不會是你們夫妻的複製品，而是從你們身上遺傳而來的另一種特質組合。如果你想要創造出一個生物，使他和他的爸爸或媽媽完全一樣，那麼就必須玩點小花招：首先必須先從父親或母親身上採得一個普通的身體細胞，再把一個卵細胞中的遺傳物質完全抽離，把身體細胞放進這個空的卵細胞裡。這個卵細胞已事先清除了所有原本的基因。雖然它並沒有正常受精，但還是會開始發育成另一個生命體。它跟一般只有一半基因組合的卵細胞不一樣，無須受精也已經擁有完整的基因組合。這個經由人工複製的生命，我們就稱之為「無性繁殖」。

桃莉羊就是一個「無性繁殖」的生命體。這隻世上首見的複製羊，牠的基因不是一半來自父親、一半來自母親，而完全是媽媽的複製品。科學家們從桃莉媽媽乳房部位的細胞中，取出帶著完整基因組合的細胞核。然後他們把這個細胞核植入一個「空的」卵細胞中，這個卵細胞是從另一頭母羊身上取得的，然後把遺傳物質從卵細胞中抽取出來。（他們原本也可以

從桃莉媽媽身上取得這個卵細胞，卵細胞的來源並不重要。）最後，再把這個被「偷天換日」之後的卵細胞放回母羊（卵細胞的主人）的子宮裡，桃莉的胚胎便開始發育成長，因此桃莉並沒有爸爸。

生命是怎麼產生的？

這到底有什麼用呢？你現在一定百思不得其解。為什麼這些研究人員要費盡心力地「複製一頭羊」？研究人員嘗試這種「無性繁殖」並不是為了製造一個複製品，他們想藉此了解生命究竟是怎麼產生的。為什麼從一個具有相同細胞的受精卵，可以發展成各種不同的細胞、器官及手臂、腳、眼睛、頭髮、心臟或腎臟呢？為什麼有的人長得高，有的人卻很矮？有的人容易生病，有的人非常健康？有的人聰明，有的人天賦異稟？青蛙、魚和哺乳動物，牠們身上有許多相同的基因，為什麼長相卻又大相逕庭呢？

基因以一種神祕的方式在各處「啟動」或「隱藏」，並在身體內完成各種不同的任務，但詳細的過程我們仍然不得而知，因此我們希望藉複製找出答案。我們會仔細觀察，複製品是否和牠的媽媽有什麼不一樣的地方？

　　老實說，到目前為止我們還是沒有很大的進展。雖然桃莉的出生看似一大成就，但是我們很快就發現牠的細胞比一般的羊早衰而且時常生病。為了不讓桃莉受太多苦，我們將牠安樂死了。看來我們並無法藉複製迅速了解基因「啟動」或「隱藏」的奧祕。而且，想要持續不斷在現實世界中複製生物，我們還必須克服很多困難。首先，這種複製技術還很不成熟，因為我們無法每次都成功地複製出某種生物。在桃莉出生之前，科學家們已經嘗試過兩百四十七次複製羊了，但是屢試屢敗！另一個問題是出在「複製品」生育下一代的時候，例如看似健康的複製老鼠會生出不健康的生病小老鼠。或許是因為卵細胞和植入的細胞核互相排斥的關係吧，我們現在也無法確定。

　　當然我們會鍥而不捨地繼續研究。我們若找出生病的原因，這不就是重大的成就嗎？如果我們知道，為什麼某些細胞一開始分裂時很正常，到最後卻發展成致命的癌細胞的原因，我們也許能夠事先預防。還有一些其他的疾病，例如糖尿病或腎臟病，或許可以利用複製的健康細胞來治療。

到底人類能不能成功被複製？

　　幾年前英國政府頒佈了一項法令，允許某些特定的複製形式——「治療性的複製」，也就是說，我們不只可以把羊或其他動物的細胞核植入卵細胞中，也可以合法地把人體的細胞核植入卵細胞中。不過，不可以再把這個被植入的卵細胞放回女性的子宮內，讓胚胎繼續成長，變成一個新的「複製人」，這是違法的。只可以在實驗室中，培育這個卵細胞，直到它長成特定的器官形式，例如心臟或肝臟。科學家們希望，有一天可以藉由這個卵細胞培育出完整的人體器官，提供給需要器官移植的病人使用。

　　所以，人體細胞在複製之後不能讓它持續成長，而必須在幾天之內就停止細胞分裂。因為複製出一個「完整的人」，對於全世界或各種不同的宗教信仰來說，都被視為不道德，視為干預自然的創造過程。而且我們還並不確定，人類的複製到底會不會成功。不過，還是有一些科學家宣布願意接受無法生育的父母的委託，替他們「複製」一個孩子。你的父母能夠再複製出一個你嗎？我們能夠讓死去已久的人再度「活」過來，就像電影《侏儸紀公園》中再生的恐龍嗎？我們可以再度喚醒亞歷山大大帝、希特勒或約翰‧藍儂

嗎？

　　別擔心，目前許多國家的法律嚴格禁止複製人類細胞，而且我們現在也還沒有那麼進步的技術。但是有一天，複製人的技術是有可能成熟的，到時各國也就無法繼續禁止。如此一來，被複製的人也應該和一般人一樣，享有相同的權利，他們雖然是某個人的複製品，但也是另一個完整的個體，甚至比雙胞胎擁有更高的個別獨特性，因為至少複製人誕生的時間不同，必定會經歷不同的生活體驗。

　　如果你真的可以有一個分身，你可能會覺得不太舒服。像我這樣的科學家究竟是否有權利進行這種實驗呢？這是個很難回答的問題。也許，我可以說，透過這種實驗我們能夠找到治療某些疑難雜症的寶貴方法。但是我也知道，我們因此展開了一場危險遊戲。當我們複製遺傳物質時，想刻意保留一些自認為有用的結構，而讓另一些結構「死亡」，這時我們很可能就會判斷錯誤。

　　大自然的眼光比人類遠大。所以，我們必須維護自然的多樣性，也就是基因的多樣性。自然的多樣性創造出不同的種族、性格、文化和社會，也因為我們彼此有差異，所以人類才得以在地球上存活下去。

（記錄：Petra Thorbrietz）

┃ 艾瑞克・魏區豪斯（Eric F. Wieschaus）

1995 年諾貝爾醫學獎得主，1947 年 6 月 8 日生。以果蠅胚胎研究而和愛德華・路易士（Edward B. Lewis）及克里斯汀・紐斯蘭渥荷德共同獲獎。魏區豪斯目前在美國普林斯頓大學研究「發展生物學」。

為什麼我會生病？

1996 年「另類諾貝爾獎」得主　喬治・維特卡斯

　　孩子們，這個問題聽起來很容易，事實上它跟本書其他問題一樣，對我們大人來說也是棘手的難題。簡單的回答是：細菌讓我們生病。細菌是麻煩的小敵人，藉由空氣或傷口進入人體。這個答案也許你曾經聽老師、父母或小兒科醫生說過。

　　然後你也許會想，如果細菌真的會無孔不入地攻擊我們，為什麼媽媽因鏈球菌感染而喉嚨發炎時，爸爸卻沒事呢？兩人同睡在一張床上，為何爸爸會得肺炎，而媽媽卻依然健康？細菌明明就可以輕易地從一人傳到另一人身上啊？或許你不敢如此繼續追問，而就此罷休。因為可能有大人曾對你說過，因為需要一定數量的細菌才夠。其實，關於這個問題，我們大人所知道的並沒有比你多。

　　到目前為止醫生只知道，在兩種情況同時發生的時候，人們就會生病。一方面是因為外來的肇事者：像是細菌、病毒和毒素；另一方面是每個生病者的

身體內在反應被激發了，我們也將這個現象稱為「感染」。許多主流的醫學研究人員都忽略了第二個因素，只致力於研究細菌的傳染。他們知道人體會製造抗體，就像是「血液裡的警察」，會在血液中抵抗細菌的入侵。不過他們並不確切知道，為什麼對某種入侵的細菌或病毒，病人所製造的抗體太少。

感染的肇事者

主流醫學堅信，細菌是讓我們生病的罪魁禍首。這也許是現代人最大的「幻想」之一。（是呀！就連成年人都會毫不懷疑地相信一些神話傳說，何況是孩子呢？）整個醫學研究正是以這種「信念」為基礎，科學家、醫生和藥廠的大老闆都是這個信仰的犧牲者，他們花了大把的鈔票、大量的時間和精力，只為了對抗細菌，許多新藥不斷被發明、製造、上市，抗生素就是很好的例子。但是問題出在伴隨抗生素所產生的「副作用」。病人服用抗生素之後，雖然咳嗽可以很快被治癒，但是抗生素所殺死的不只是咳嗽病毒而已，還會使你的免疫系統更脆弱，削弱免疫系統製造各種抵抗細菌的「血液警察」的能力。一旦血液警察減少了，你可能在咳嗽痊癒之後，馬上又得到中耳炎。

　　不過，很多醫生還是認為，我們要感謝主流醫學，因為它大大降低了人類的死亡率，也就是說，一百年前還是致命的疾病，現在對我們的生命已經沒有什麼威脅了。這也對啦！現在已經很少人會死於小兒麻痺了。不過，如果你再認真地觀察一下，你就不會那麼樂觀了！今天有許多疾病正像瘟疫一樣悄悄地在全球蔓延，阿茲海默症就是其中之一。這是一種老年人的疾病，病患會逐漸忘記所有事情。全球有好幾百萬個阿茲海默症患者，而且在過去幾年中，病患的年齡有日漸降低的趨勢。如果你八十五歲的祖父忘記很多事情，甚至連你的名字都忘了，這實在很糟糕。假使你的父親在五十五歲時就得到這種病，那就更悲慘了。另一調查顯示，已有大約四〇％的歐洲小孩罹患呼吸道疾病，也就是說你們班上每十位同學中就有四位呼吸不順暢。在過去二十年間，還有一些新的疾病持續被發現。你以為只有愛滋病嗎？這在你還沒有「真的」男女朋友之前都不需擔心。但是，你們班上卻可能有同學是過動兒，這就是一種新的疾病，他們無法集中注意力，長期處在不安的狀態下，隨時都有恐懼感，無法專心學習，甚至有的人連說話都有困難。

　　實際上，因病而死的人真的愈來愈少。但是，同時卻有許多新的疾病逐漸浮現，這些新病更複雜、更

難治療。這兩種現象絕非毫不相關，至少像我這種從事自然療法的醫護人員是這麼認為的。為什麼？一個真正健康的人擁有充實的生命，也許到了八十歲都還沒有生過病。我曾經在高加索山脈上看過這種人，他與世無爭地住在山林中，以大自然為家，在幾乎零污染的原始環境裡生活。我可以確定，新的污染物一定會引發前所未有的新疾病。

　　今天，大多數人都居住在充滿污染的環境裡。我們污染了土壤、水源、動物——包括我們食用的魚類、肉類和蔬果，甚至也污染了我們自己。疾病就意味著污染。我們的身體不再潔淨，也因為污染了自己，所以我們才會生病。依照自然療法的醫療哲學，我們不會用藥物來對抗病患身體中的「污染物」，也就是病菌或環境毒素。因為，抗生素和其他化學藥物只能抑制疾病的症狀，並不能確實把病人治好，就是所謂的「治標不治本」。用抗生素壓下的流鼻涕症狀很快就會轉變成中耳炎，這不是長遠的辦法，我們希望徹底將人體器官及功能恢復到一個狀態，讓細菌無法在此感到舒適並且繁衍。換句話說，我們試著降低病人對細菌的「敏感反應」。

測量健康指數

有一位叫做哈勒曼（Samuel Hahnemann）的德國人，在兩百年前第一次採用這種自然治療方法，對急性病和慢性病都很有效，例如流鼻水或背部酸痛。而為什麼有效的原因，我們目前還不太清楚。他有超過一千種藥籤，用的都是例如白頭翁草、顛茄、氯化鈉、磷、硫礦、汞等天然成分，只要正確的劑量就可以增強病人的生命力。自然療法的醫護人員重視的是，使病人徹底痊癒，包括身體、精神和心靈。

如果你問一位像我這樣的自然療法醫師：「為什麼人會生病？」我會先告訴你「什麼是健康」。怎麼測量健康指數？怎麼判斷這個人比那個人健康？一般主流醫學並無法回答這個問題。自然療法對健康的定義是：一個人在肉體上、精神上和情緒上獲得完全的自由，也可以說是完全的自在。這三個層面對健康的人而言缺一不可。所謂肉體或身體的自由就是「沒有病痛」，健康的身體讓人感覺一切都很舒服；而精神和心靈的健康則代表「不自我中心」，一個人不會只想到自己、家人或朋友，而會誠心誠意地去關心周遭的人們；情緒的健康代表不會陷入激情執著的情境，以致於成為情緒的奴隸。對某些人來說，這種執著可

能是菸癮；對另一些人來說，可能是性、賭博，甚至可能是「自然療法」本身，也就是所有會讓我們無法理智思考或行動的事物。

　　究竟生病的原因是什麼？舉例來說，只要我們吃了有毒的食物，身體就會生病。不過，人們不只需要物質面的營養，還需要心靈和情感的營養。「有毒」的情感，如怨恨、嫉妒、恐懼、沮喪等；以及「有毒」的想法，像是偷竊、傷害或甚至殺害別人等，都會讓我們生病。這些想法先讓我們的腦袋生病，然後就會變成肉體的疾病。聽起來很不可思議吧！我也這麼覺得。即便我已經推廣自然療法超過四十年之久，還是無法完全了解其中的奧祕。

　　我是戰爭時期出生的孩子，不僅在第二次世界大戰德軍佔領時，失去了父母身體也營養不良，相當虛弱。我和妹妹在雅典的街頭流浪，以販賣香菸維生。由於韌帶受傷，我身上的骨骼組織嚴重受損。戰後有人要幫我手術治療，不過那可能會有全身癱瘓的危險，所以我逃走了。疼痛一直伴隨著我，直到二十七歲時讀到哈勒曼的一本書，於是我開始學著治療自己。醫生在我十五歲時曾經說過，我沒幾年可活了，然而今天我已經六十九歲了。

　　嗯，有點離題了，讓我們再回到「生病」的問題

吧！緊張也是一種「污染」。情緒緊張會像細菌一樣攻擊我們的肉體，當你害怕坐在學校裡，或像我一樣害怕戰爭而隨時緊張兮兮時，就會讓疾病有機可乘。

勇 敢 對 抗 不 平 衡

　　每個人都會特別容易感染某些疾病。如果你的父母、祖父母、曾祖父母的耳朵非常敏感，或他們有心臟疾病的病史時，你就有比較大的機率得到中耳炎或心臟病。不過，如果你不活在緊張的狀態，這些危險性就不會顯現。但是，現代社會的生活誰不緊張呢？長期處於緊繃的情緒中，會使人體器官對病毒、細菌或微生物便較為敏感。如果經常搭飛機旅行，呼吸機艙內品質不良的空氣，也會造成肉體的緊張。在連續兩、三天飛越大西洋的旅程之後，你可能就會得到嚴重的支氣管炎。此外，抗生素也會造成身體緊張，因為它像其他化學物質一樣，會帶來許多副作用，例如頭痛或腹瀉。身體用這個方式警告你：「你虐待我，所以我現在要反擊！」

　　我的身體有時也這樣警告我，它最常使用「感冒」來懲罰我。這不是吃抗生素的緣故，而是在警告我這個年紀不應該還經常旅行，這太不健康了。為什麼我

明知故犯呢？因為我希望在生命終止之前，讓全世界了解自然療法的好處，它確實能夠醫治很多人。

　　主流醫學對意外傷害的診治成效卓著，也能夠利用嗎啡減輕病症末期病人的劇烈疼痛。不過，我認為主流醫學還無法真正治癒人體的疾病，使人恢復健康、重建身心。在我們治療疾病之前，必須先了解疾病發生的原因和過程。「生病」是一種漫長的過程，而且會隨時間日益嚴重。一開始我們可能根本沒發現自己生病了，細菌在人體中也會隱藏幾天。一旦身體發現細菌入侵以後，為了殺死細菌，我們的體溫就會升高，於是你就發燒了！發燒並不是疾病，而是疾病的症狀。

　　我們不可能直到疾病末期才發覺到它的存在。疾病很早就進駐身體內，是抵抗體內的「不平衡」所產生的反應。精神上或能量上的不平衡，會與日俱增地傷害我們的器官。當我們真的想了解生病的原因，就必須學習從精神面的能量問題著手，先了解不好的思想和感受為何、如何影響我們的身體。遠古時候的希臘人，就已經知道精神面的影響力無與倫比，他們認為健康的身體和健康的心靈是一體兩面。

　　在烏托邦式的社會裡，我們將會更健康、幸福。想要讓自己身體健康，首先就必須建立一個健康的社會，讓每個人都能夠愛人如己。不過，我們現在卻不

斷興起戰爭、引爆爭端以及彼此競爭，形同迷途的羔
羊。只要我們無法終止社會中的暴力行為，去除人與
人之間的惡言惡行，對身邊的人關心付出，就不要奢
望我們能夠擁有健康。「自然療法」強調把這些病源
視為醫療的主角。雖然我們的理解還不夠成熟，但是
醫療技術卻已經令人刮目相看。我不知道，我的回答
夠不夠聰明，能否解答你的問題？但我確信，至少我
會試著寫一本書來告訴你們。

（記錄：Lars Reichardt）

▌喬治·維特卡斯（George Vithoulkas）

1996年「另類諾貝爾獎」（Alternative Nobel）得主，
1932年7月25日生。因為推廣「自然療法」的
貢獻而獲得「責任生活獎」，也就是所謂的「另
類諾貝爾獎」。該獎項1980年由雅各·宇克斯
庫爾（Jacob von Uexkull）創立，為了和「以西方
政治、科學觀點」所設立的諾貝爾獎相抗衡。維
特卡斯用這筆獎金在阿洛尼索斯島（Alonnisos）
上興辦一所學校，也提供全球醫學人員進修課
程。

為什麼會有富裕和貧窮？

2000 年諾貝爾經濟學獎得主　丹尼爾‧麥克法登

你一定常注意到，有些人比其他人有錢。你班上的同學，可能有些人是坐著黑色大轎車上學的，而其他人卻必須搭公車。有些人穿著名牌服飾，另一些人則穿著破舊、磨損的衣服。有些同學一定有你也想擁有的高級玩具，不過你的父母卻不願意買，也許是因為他們覺得無法負擔。

當我還是個小男孩的時候，我就很清楚，我擁有的東西比別的小孩少的多。我的家境很貧窮，在我們位於北加州的農莊裡，連電都沒有。但是，我的父母並沒有因為貧窮而感到羞愧，相反地，他們不喜歡有錢人。他們深信，如果有太多錢，就會使人墮落。我的父母教育我，生活中有許多比擁有一輛新腳踏車更重要的事。

因此，我是在一種「不一定要成為有錢人」的環境下成長的。直到現在我還是如此，身為大學裡的經濟學教授——我從工作中感受到生活的滿足，而非財

富。雖然在我多年的研究生涯裡，我都在研究我們的社會如何獲取財富，如何分配財富，但這也讓我更確信，我父母當年所教導給我的觀念是正確的。

貧窮或富裕跟運氣有關

我一開始就告訴你們這些，是因為我認為在你們思考「為什麼有富裕和貧窮？」這個問題之前，一定要先了解這件事。有許多人相信，錢可以解決一切問題。他們羨慕像比爾‧蓋茲這類的億萬富翁，私底下也都希望自己銀行裡的帳戶有很多錢。他們甚至因此瞧不起窮人。這是完全不對的！我們絕對不可以用錢來評斷人，應該看重的是個人的人格和個性。例如，藝術家和社工人員選擇工作的主要理由絕對不是因為錢，而是因為這份工作讓他們覺得很快樂。我常常發現，這些人比那些天天追逐金錢的人過得更幸福。「值不值得去追求財富？」，這是你們長大之後一定要面對的抉擇。

即使我們不希求過富裕的生活，但我們還是應該要問：「為什麼會有富裕和貧窮？」也許你們曾經在路上看過遊民，也曾想過：「為什麼這些人必須在街上過日子？」、「他們睡在哪裡？」、「他們的食物

從哪來？」，或者在電視上看到關於非洲的報導，那裡有許多人幾乎一無所有。為什麼他們過得這麼差？是什麼原因造成？

人們是富裕或貧窮，基本上靠的是運氣。如果幸運，剛好在一個像德國一樣富裕的國家長大，那麼，一切都會很美好，無論如何都比非洲的孩子過得更好。更幸運的人，父母可能擁有一棟漂亮的花園大別墅，他們也有錢可以帶你們到海邊去度假。有一天你們可能繼承父母留下來的大筆遺產，也就是說，你們可以不費吹灰之力就得到很多錢。你們看看，這不是幸運是什麼？

在非洲有許多人窮到連飯都不夠吃，通常這不是他們自己造成的。貧窮經常是因為戰爭所致；戰爭期間，正常的經濟活動會被破壞，人們無法繼續上班工作，因為他們可能得逃難。然而，即使是和平時期，在非洲賺錢可能也困難重重。例如，有些地方很少下雨，以致於土地上種不出糧食，而那些出生於貧窮農村的孩子們，也擺脫不了繼續成為窮人的命運。就像財富可以繼承一樣，貧困也可能繼承。

也許你們很幸運，生來就有特殊的才能。例如，你們天生就是一名足球健將，也許你們可以因此賺到很多錢。一般來說，具有特殊才能的人，往往都比那

些平庸的人富有。不過，如果生活在非洲，也許連發揮才能的機會都沒有——原本應該是超級足球明星或數學天才，卻還是很窮，因為沒有人注意到你們的天賦。因此，這又跟運氣有關了：是否有機會接受良好的教育，發展才能？

如何讓點子變成鈔票

　　有時候，你們一定比較想做別的事，而不願去上學。當父母跟你們說上學真的很重要時，你們根本不會相信。但是，他們是正確的。「上學」是一個很大的特權，得到較好教育的人，一般而言都可以比其他人賺更多錢，更富有。不過，在你們的一生當中，會有一個特別的時刻到來，從那時候起，所發生的事不再只跟運氣有關。因為，你可以藉由選擇職業，爭取自己的收入。

　　基本上，有三種主要賺取收入的方式。第一種、同時也最常見的收入來源是，將自己的勞動力出賣給其他人。像汽車技術工人、醫生或教授等，都可以用工作換取報酬。這是大多數人的收入來源。所以，付出勞動力所獲得的金錢數目，就決定了你的富裕程度。第二種收入來源就是你擁有的物品，它們具有生產價

值，例如一輛貨車，你將它出租給正在蓋房子的建築公司。基於你擁有卡車這項事實，你得會到租金，這也是一種收入。第三種收入與財富來源是，創立或投資一家公司：你發明一件東西，並創建一家新的公司來賣這件貨品。看看比爾·蓋茲吧，他很富有，因為他的公司出售新發明的產品，這個產品又非常成功，受到消費者的歡迎。「創新」對年輕人來說的確是一件最具刺激性的成功機會了。你不一定要是一個電腦鬼才，只要你的腦袋裡有新的想法，像是怎麼把超市貨架上的貨品快速而正確的分類，或者是讓其他人使用你們的點子，那麼你們就可能藉著這些「平凡無奇」的點子變成富可敵國。

我知道，上述這些賺錢的方法對某些人有效，但是對其他人可能一點用處也沒有。即使在像德國這樣富有的國家裡，也仍會有窮人。有時候是因為疾病，有時候是因為缺乏意願或自律性。有些人吸食毒品，把過正常生活和獲得好收入的機會都埋葬了。不過，也有一些失業的人，他們學習了某些工作技能，也很希望可以工作，但是卻找不到工作。問問你們的父母，他們是不是也認識一些失業的人。有這樣經歷的人比你們想像的還要多。

你們也許會說：「這樣不公平！」是的，我同意。

不過，我們卻一點辦法也沒有。我們的世界就是有這麼多不公平的地方，我也知道這讓你們很難接受。即使如此，有一點我們不能否認：幾千年以來，人類未發現任何一種經濟體系可以達到財富完全平均分配，使得無人貧窮。像德國、美國及其他許多國家現行的經濟體系，我們稱之為「市場經濟」。它的意思是，廠商可以依照自己的意願生產貨品，而消費者也可以按照自己的意願購買商品。經濟活動不受政府的管控，而是讓市場本身自我調節。這個體系能夠運作的原因在於，人們會在市場中努力追求自己的利益。如果說，有人需要某一種商品，那麼就可能有人會製造出這種產品。舉例來說，突然間，所有人都想買足球，結果造成運動器材店的供貨不夠，很可能就會有人馬上再製造足球，滿足這些突然上升的需求。他們製造足球的原因正是因為「有利可圖」！

　　市場經濟有許多優點。人們可以自己掌握大部分的交易。如果你不喜歡某一種商品，你也不必強迫自己購買它。不過，市場經濟也有一些缺點。其中最大的缺點就是，它不能保證市場中所有發生的事都是公平的。市場經濟不能保護人們免遭厄運。有些產業部門的員工，也許他們十分敬業勤奮，但一旦這個產業部門基於經濟體系中的某些原因而崩潰，他們就會因

此失業。這是不公平的，但這種事卻不斷發生。這就
是市場經濟的反面。

這個世界不公平？

　　你們現在也許會想：難道不能讓所有的諾貝爾獎
得主共聚一堂，發明一種公平的經濟體系，使得這種
經濟體系中沒有窮人？嗯，這其實就是共產主義，你
們應該聽過這個名詞。這想法背後就是：所有人一起
決定資源應該如何分配，然後每個人都會過得一樣好。
聽起來很棒，對不對？前蘇聯實行了七十多年的共產
主義，但到了一九九○年時，整個共產主義體系卻一
夕間崩潰。這體系完全無法運作。共產主義的崩潰證
明了，這個做法面臨兩個嚴重的問題。第一，在共產
主義體系中，沒有人像在市場經濟裡一樣，因為積極、
有力的誘因而想努力工作，即使你都在為別人著想，
但若對你沒有直接的利益，你也很難在早晨起床努力
工作。很悲哀，不是嗎？我想，這應該就是人性吧！

　　共產主義另一個問題在於物品的分配。「所有人
一起決定！」這句話聽起來很容易，但在實行上則需
要某些官僚體系來做這些決策。歷史告訴我們，公眾
到了某些時候就會對官僚體系感到厭煩，並且群起反

抗。此外，在這個體系的官僚們，無法得到充分的資訊，而且也沒有足夠的誘因，讓他們像為自己著想一樣地為大眾服務。如果我是為了要照顧自己，那麼我就會有動機，盡力去安排我真正想得到的東西。如果我比較想吃全麥麵包，比較不喜歡白麵包，那麼我就會有動機去找全麥麵包吃。然而，如果是由中央政府的官僚來控制貨品的分配，他們就不會知道該給我全麥麵包而非白麵包。

這樣看起來，好像我們非得選擇市場經濟不可囉！即使市場經濟有那麼多缺點，但它畢竟是人類到目前為止，所能想到最好的經濟體制了。你們應該要清楚地知道，財富的分配不是件易事，它非常艱難，可以說是一種「鬥爭」。人們有各種不同的利益，這些利益之間彼此競爭，也就是說，這當中一定會有勝利者和失敗者──富人和窮人。 許多跟德國相似的國家政府都會想辦法彌補市場經濟的缺失，為那些倒楣的失敗者建立安全網。政府可以做到，讓那些窮人不要太窮。我相信，只要是文明的國家都會照顧到每一個遭受社會困境的人民。

因此，政府的稅收必須用在確保窮人的經濟條件不會每況愈下。不過，如果你想透過財稅政策，讓每個人的財富水準完全平等，就可能會破壞讓市場經濟

順利運作的誘因機制。那些努力工作、受到良好教育、快速展現實力的人，必須有足夠的誘因讓他們得到更多的收入。如果我們採用另一種方法，也就是無論人們工作與否，都實施保障收入政策，那麼，人們將不再努力工作。

我希望，讀到這篇文章結尾時，你們不會失望。我原本計畫談談為什麼有富裕和貧窮。不過，到最後卻導出一個結論：「這個世界不公平！」基本上，人類是一種自私的動物，我們都會先想到自己，然後才想到別人。當我用自己的道德標準比照自己的生活方式時，我特別會想到這一點。如果我看到有人開著大轎車、建造新的房子，但卻有另一群人是那麼貧窮時，我會感到十分難過。不過，我必須承認，我也有一棟不錯的房子，和一輛不小的汽車。我一直在想，如果我並不富裕，其實也無所謂。但是，我的確不是窮人！

（記錄：Johannes Waechter）

▌丹尼爾·麥克法登（Daniel L. McFadden）

2000 年諾貝爾經濟學獎得主，1937 年 7 月 29 日生。因為發明「離散選擇分析理論和方法」而和海克曼（James Heckman）共同獲獎。這個理論可以預測，在數量有限的行動選擇方案中，一個大型族群團體的行為態度。麥克法登目前任教於美國加州大學柏克萊分校。

為什麼我有時很健忘，
有時卻過目不忘？

1991 年諾貝爾醫學獎得主　埃爾文・奈爾

你昨天中午吃了什麼？啊，忘記了？沒關係，這不重要。腳踏車的煞車在哪裡，這你一定記得了吧？更重要的是，你會記得紅燈還是綠燈亮才准通行，不然就會被來車撞了。

早在沒有汽車和紅綠燈之前，人類就已經體驗到這些現象。當時人們必須牢記其他事情，例如哪些莓子可以吃或是如何躲避獅子的攻擊等。一旦你不儘早學習並永遠記在腦裡，可能就會餓死或成為猛獸的佳餚。能夠存活下來的人，就是那些可以區分事情輕重緩急，並且牢記重要事項的人。其他人由於致命的健忘，只有走上滅亡的道路！

因此，從人類的原始祖先開始，他們就自然而然地演化出「記住重要的事，忘記不重要的事」這種求生技能。

有些事對所有人都重要，例如了解交通規則或像是能分辨菌菇是否有毒。有些事只對你個人而言有意

義，例如記住派對裡英俊男孩的名字，或是哪家電影院正放映動畫片。

如何做到過目不忘？

至於上課內容你能記住多少，常與你的腦袋還在想些其他什麼事有關。除此之外，也和你是否喜歡學習有關。遇到枯燥無味的課，你可能就會左耳進，右耳出；若是遇到讓你興致勃勃的科目，就能夠讓你立即上癮，專注傾聽。當你想了解最喜歡的英文歌曲時，你是不是很容易就記住歌詞中的英文單字呢？有些單字你就是記不來，也只能反覆背誦直到它們印在腦海中。

為什麼你有記憶力呢？這要感謝你的大腦。大腦由幾千億個神經細胞所組成，每一個細胞都能夠和其他上千個細胞相互連結。每個神經細胞皆傳遞特定的訊息，不過他們得和其他細胞一起合力工作，你才能夠感覺、運動、思考、學習和記憶。

神經細胞的外表看起來像是皺巴巴的球，外圍伸出許多短短的觸角和一隻長長的手臂。透過短短的觸角可以從其他神經細胞接收訊息，然後再用長長的手臂把訊息繼續傳遞出去。這隻手臂上有無數的「小手

指」，用來觸摸鄰近細胞的短觸角。這一整束的長手臂便構成你的神經系統。

聽覺神經將音調和聲響從耳朵傳導進腦部，觸覺神經負責傳導觸感，視覺神經則傳送圖像。經過許多中繼站之後，這些不同的感官訊息抵達腦部的特定區域：音調和聲響到達聽覺區，觸感到達身體感覺區，而圖像則進入視覺區。

這一切聽起來很簡單，實際上運作起來卻非常複雜。例如當你看著卡通節目「橘子鼠」（*Sendung mit der Maus*）裡的大象時，這時候有超過一億個細胞忙碌著，每個細胞都只注意大象身上的細微部分：有些專門反應大象身上的灰色，不管其他的感官功能、有些則注意大象眼球的黑色和白色、有些細胞會反應大象腿部的垂直線條、有些細胞則被大象身體的平行線條所刺激，還有一些只在大象行動時才會現身工作。甚至針對大象身體的曲線和稜角都有專責的神經細胞。

每個細胞必須在認出自己的責任範圍後，才開始發送訊息，傳達到腦部深處。所有單一部分的訊息都會送到那裡，像拼圖般組合在一起，你看到的大象才會是整體畫作，而不是支離破碎的圖形。為了讓你認出這個灰色的東西是卡通裡的一頭動物，超過三十個專門的視覺區域必須和分散在腦部的各個區域密切合

作。

　　聽覺神經的工作方式也類似這樣。當大象吐氣或橘子鼠吱吱亂叫時，一些聽覺神經細胞負責傳送低沉的音調，另一些則負責較高的音調。到達腦部聽覺區時，大象吐氣的低沉音調和老鼠嘰哩咕嚕說話的較高音調就會重新組合。很奇妙吧，不過這還沒完呢！

「海馬區」受損會影響記憶

　　視覺區、聽覺區和其他腦部感覺區之間，會持續交換訊息，並且在神經系統內建立起完整網絡。所以，你才能同時看到電視上的老鼠和大象，又聽見自己的笑聲，並且聞到廚房傳來的陣陣香味。在腦部深處有一個部位，密切聯繫著腦部所有區域，並且不斷和它們交換訊息。這個部位的大小像大拇指一樣，我們稱為「海馬區」，因為外觀類似海中生物「海馬」。

　　如果經常看同一部卡通，有時你會發現某些內容是重播的。一旦這種情形發生，也就是當你第二次看到同樣的東西時，就會啟動相同的神經細胞，並且按照近似第一次的路徑，將訊息傳遞到腦部。愈常使用同樣的「神經網絡」，這些細胞間的聯繫速度就會愈快，因為每個神經細胞會向鄰近細胞伸出更多觸角，

使訊息的傳遞速度更快。如果神經網絡的細胞連結夠緊密，海馬區便能夠牢記這組網絡。下次你再見到同樣的東西時，你的腦袋就會提醒你：嘿！這個東西我見過！你便會想起這部卡通的內容，成為你記憶中的一部分。

要證明「海馬區」在這個過程中扮演十分重要的角色，是很容易的：有些人因為生病或意外，使得「海馬區」受損，於是就無法再記住新的東西了。這些人沒有變笨，但經常會忘記今天是哪一天，或是想不起來新的鄰居叫什麼名字。不過，對於許久前發生的事情卻記憶猶新，因為很久以前的記憶並不是在海馬區，而是在其他神經系統。

關於這一點，目前我們腦神經專家們認為，海馬區只負責將記憶儲存一段時間，然後就把這段記憶傳送到接近腦殼的其他區域，也就是腦皮質層。到底是怎麼傳送的呢？我們目前還不清楚，反正有些事情會在腦皮質層埋藏一輩子之久。這個長期的「記憶體」跟電腦中儲存裝置的運作方式不同。電腦將每筆資料儲存在硬碟的特定位置，就好比電話簿上印的電話號碼一樣，一定時間內位置不會改變。所以電腦不會忘記任何事，除非壞掉。當你在螢幕上重新叫出儲存的檔案時，這個檔案與當初儲存的原件絲毫不差。

　　但是，人腦運作方式不同。你的生活經驗和學習內容並不是被存放在海馬區或腦皮質層的某個固定部位。人類的記憶過程大概是這樣子的：你愈常聽見、看見或認真背記某些內容時，就會逐漸增強視覺和聽覺神經之間的聯繫，而它們和其他相關神經細胞之間的往來也會因此更密切。

腦記憶功能就像「便利貼」

　　當你回想一些聽過、看過或學過的事，這些相同訊息會沿著以前的路徑，經由加強的神經網絡來傳遞，此時你的眼睛和耳朵根本就不需要工作。「大腦記憶體」會自動為這些源自於感官細胞的訊息補充一些內容。每次當你有意或無意記起一些事情時，這些已經強化的神經網絡和網絡內的聯繫路徑就會一次比一次被淬鍊得更強勁，而事情愈重要，程度就愈明顯。

　　你可以把錯綜複雜的神經網絡想像成「便利貼」上面的記事。當你在電話亭裡，十萬火急地把所有訊息都記在這張小紙條上時，這時候一些重要的事，例如慶生會的時間地點或是女朋友的地址，將會和其他毫無意義的塗鴉一起雜亂無章地寫在紙上。在這些重要訊息尚未被不重要的雜訊淹沒之前，你馬上會拿一

隻粗筆將重點特別標示出來，並且蓋過其他的字跡。
這時就可能發生，慶生會的日期或其他重要資訊被標
示錯誤，或者每次你跟女朋友約會時，都會想到你在
地址旁邊不經意的塗鴉。

　　我們腦部的記憶功能也像這張小紙條一樣，有時
候也會記錯或記不清楚；或當你想起某件事時，一定
會伴隨著同時發生的事件印象。

　　或許當你首次聽見收音機裡播出你最喜歡的歌曲
時，你正吃著香甜的冰淇淋，那麼往後你每次吃冰淇
淋時，腦海裡總是會浮現這首歌曲的旋律。在你的腦
部記憶中，這兩件事緊密連結，印象深刻讓你難以忘
懷。就像蜘蛛網一樣，你觸摸其中一條絲線時，整張
網都會隨之顫抖；神經網絡也是如此，當你只在此一
網絡中的小部分區域傳遞訊息時，整個網絡都會有所
反應。一開始是海馬區負責，然後由腦皮質層運作。

　　你可以把它運用在學習上，當你想記一些特別困
難的內容時，你可以把它和你非常熟悉的事物聯想在
一起，這樣就會事半功倍。凡是讓你十分高興、悲傷、
憤怒或害怕的事情，你的記憶一定特別深刻。例如，
你曾經在森林小屋中過夜，夜裡被突如其來的暴風雨
驚嚇得躲在被子裡發抖，幾年之後，若你再度造訪這
座森林小屋時，一定會想起那不舒服的感覺。此類經

歷與感情之間的強力聯繫，要歸功於海馬區旁邊兩個核桃大小的腦區，我們稱之為「杏仁體」。

　　現在你已經知道，我們的腦部分成好幾個腦區，它們各司其職。之前我已經介紹過視覺區、聽覺區、海馬區和杏仁體。而在某部分的腦皮質層中，也分成好幾個區域，我們還不知道它們的特定功能。不過可以確定的是，它們負責幫助你適應陌生的環境和人群、解決問題以及規劃方案。因為有這些腦區的協助，你才能夠完成複雜的任務，並且使人類和低智能生物之間有所區別。

　　人腦中位於腦皮質層中的腦區面積，是黑猩猩的兩倍，貓的十倍。蟲與蒼蠅的神經系統則和人類完全不同，牠們根本沒有腦皮質層。不過，牠們還是能夠區分重要和不重要的事，並把重要事情牢記下來。

毛毛蟲也有記憶力

　　每隻毛毛蟲從繭爬出以前就知道哪些樹葉可以吃，而蚯蚓也都知道大太陽下時得躲起來，如果不知道，就無法生存，蚯蚓和毛毛蟲甚至可以學習簡單的事物，並記住一段時間。如果你拿根草去搔小蟲，一開始牠會把頭縮起來，幾次之後牠就不會有任何反應了，因

為牠學到了，草對牠沒有傷害。每次搔癢時，小蟲的
神經細胞就會伸出更多觸角來加強彼此間的聯繫，並
更快速地將訊息傳送到目的地：「有東西在搔我癢，
不過沒關係。」

　　而蚯蚓神經細胞的運作方式和你的完全一樣。不
同之處在於，你的神經細胞可以形成更多神經網絡，
彼此間的聯繫更加複雜。隨著你的年紀增長，學得愈
多，經驗愈多，神經細胞間的聯繫就更多元，而其中
許多細胞都會持續地組成網絡。

　　初生嬰兒腦部的神經細胞數雖然跟成人幾乎一樣，
但是它們彼此間的聯繫尚未建立。許多重要的聯繫都
必須在出生幾週或幾年後才會形成。有些神經網絡必
須被及時刺激才會建立。如果有人在你出生後兩週內，
一直用布遮住你的眼睛，那麼即使你的眼睛完全健康，
卻會一輩子都看不見！因為如果負責視覺的神經細胞
在這段「關鍵」時期內沒有被刺激，這些神經細胞就
無法和視覺區建立起聯繫網絡，腦部就會認為，他的
眼睛永遠用不到。

　　直到十六歲，你腦部的神經細胞都還持續形成新
的神經網絡。這是爭取聯繫的爭奪戰：愈少受到刺激
的細胞就愈遲鈍，就像被矇住的眼睛一樣。相反地，
那些經常被刺激、使用的細胞，將可以和上千個鄰近

細胞建立聯繫網絡。這樣一來，重要訊息就能夠更迅速傳達到腦中的特定位址，並引發進一步的行動、思想、感受和記憶。

　　所以，看見紅燈的時候，你的手便會自動握緊腳踏車的煞車，即使你正沉浸在忘我的境界中，享受戀愛的感覺。

（記錄：Monika Offenberger）

▎埃爾文‧奈爾（Erwin Neher）

1991 年諾貝爾生理醫學獎得主，1944 年 3 月 20 日生。因為發現細胞膜上單一離子通道的方法，而和沙克曼（Bert Sakmann）共同獲獎。他目前在馬克斯—普朗克研究中心從事「生物物理化學」的專門研究，並任教於德國哥廷根大學。

到底什麼是空氣？

1995 年諾貝爾化學獎得主　保羅・克魯琛

　　你能在浴缸的水中閉氣多久？我最高的紀錄只有大約一分鐘。如果經過專業的潛水訓練，大概可以維持三、四分鐘。不過，終究還是得浮到水面上呼吸。為什麼我們必須一直吸氣、呼氣、吸氣、呼氣？為什麼我們不能吸一次氣之後，用剛才吸進來的空氣維持幾個小時甚至一整天呢？如果你知道「空氣到底是什麼」，這些問題就可以迎刃而解了！

　　空氣是非常奇特的東西。你看不到它、抓不到它，也摸不到它。不過，你卻可以感覺到它，像是從你耳邊吹過的風，或從你鼻子裡呼出來的暖空氣。空氣不像石頭般堅硬，或像水一樣會流動，空氣是由許多不同的氣體所組成。其中之一是氧，我想你應該早已知道。不過，在兩百五十年前，連最聰明的人都還不知道這個道理呢！

「氧」的祕密行動

　　以前的人認為，空氣是種單一物質，就像金或銀一樣。在好奇心的驅使下，他們開始做一些實驗，例如把石灰和硫酸混合，聞混合後產物的味道；把鹽巴倒進肥皂水；把鋅和鐵融合……許多稀奇古怪的實驗，只為了更了解這些組成世界的物質。你在化學課可能也做過這些實驗，也許你家就有一間很炫的「個人實驗室」！

　　兩百二十五年前，一位叫做普列斯萊（Joseph Priesley）的英國人，他也有一間「個人實驗室」，在那裡他發現了氧。普列斯萊原本是位牧師，因為興趣的緣故，空閒時就自己動手做化學實驗。他想知道，不同的物質點火燃燒後會變成什麼樣子。有一種紅色的物質，叫做氧化汞，在點火燃燒之後，紅色就會不見！同時，還會產生一種氣體，他用玻璃瓶把這種氣體蒐集起來，這就是氧。普列斯萊發現，當他把瓶子裡的物質「放」出來時，蠟燭就會更亮，爐火也會很容易點燃，並且燃燒得更加旺盛。

　　除此之外，他還發現這種物質對生命是不可或缺的。他把一隻小老鼠放進瓶子裡，再給牠一點氧氣，然後旋緊蓋子。接著他開始觀察和記錄：「若注入的

是一般空氣，老鼠大概只能活十五分鐘；但若注入氧氣，老鼠則活到一個小時。」小朋友！千萬別跟著做這個實驗，因為即使是一隻小老鼠，也有享受美好生命的權利。

很幸運地，普列斯萊再度把老鼠放出來，讓牠繼續活蹦亂跳。如果他一直把老鼠關在瓶子裡，可憐的老鼠就會被悶死了，即使牠還有呼吸能力，剛才也得到額外的氧，仍然無濟於事。為什麼呢？因為老鼠會慢慢地把瓶子裡的氧消耗完。牠吸氣的時候，氧氣會經由肺部進入血液裡，然後輸送到全身。

今天我們已經知道，在老鼠和人類的細胞裡，到底進行了什麼「祕密行動」：氧在細胞中被燃燒，喔！當然不是用火燃燒。氧在細胞裡燃燒完畢後會產生另一種氣體——二氧化碳，它會藉由呼氣被排出體外。所以，人類呼出的空氣中，比吸進的空氣含有較少的氧，較多的二氧化碳。

一般而言，自然界絕對有足夠的空氣讓你呼吸，提供你身體所需的氧。如果身處在一個充滿空氣的密閉空間裡，你勢必不斷吸入已經呼出來的空氣，其中氧的含量也將愈來愈少。瓶子裡的老鼠也是這樣，導致牠很快就悶死了。所以，你絕對不可以把塑膠袋緊緊地套在頭上喔！

為什麼空氣中的氧不會愈來愈少？

　　如果沒有持續供應空氣，蠟燭的燭火也會逐漸熄滅。你可以試試看，點燃一根小蠟燭，然後用大玻璃瓶蓋住它。幾秒鐘之後，燭火就會熄滅了，因為燃燒需要氧，以及足夠的可燃物，例如蠟或木頭。

　　人體細胞所燃燒的物質並非蠟或木頭，而是奶油、麵包、蔬菜和其他經過腸胃消化的食物。如果你太久沒有吃東西，那麼身體細胞就沒有東西可以燃燒，而需要補給品。這時候你就會有飢餓的感覺。你不相信身體有一把小小的「火」在燃燒？可是那是真的！只不過它沒有真正的火花，但卻能提供能量與溫暖，讓你可以盡情跑步、運動、說話、思考和遊戲。如果沒有氧氣，這把小小的「火」無法燃燒，你也活不下去。因此，你必須不斷吸入新的未使用過的空氣，供應身體足夠的氧。

　　除了人類和老鼠之外，所有的動植物也都需要氧維生。它們也都必須呼吸，讓氧和二氧化碳互相交換。

　　為什麼空氣中的氧不會愈來愈少，最後完全耗盡呢？因為綠色植物持續提供我們氧，而且遠比它們呼吸時所消耗的氧多很多。這一切都是透過光合作用來進行（如同修伯教授在本書第十章所介紹的）：植物

用綠色的樹葉擷取陽光，再把二氧化碳和水轉變成植物所需的物質，然後釋放出氧。所以，我們應該感謝綠色植物，持續讓空氣中充滿氧氣。

根據化學家的測量，氧佔空氣成分的二一％，而二氧化碳的份量比氧少將近六百倍。科學家幾乎在同時間發現了二氧化碳和氧，發現二氧化碳的是英國醫生陸瑟佛（Daniel Rutherford），他也是位植物學者。陸瑟佛還發現了空氣中另一種氣體，佔了空氣中大部分的體積——氮，佔空氣成分的七八％。氮在人類的呼吸過程中，不會受到任何的影響。

除了上述的氧、二氧化碳和氮之外，空氣中還有無數種少見氣體，例如氦，這種氣體灌進大氣球後，能使氣球比空氣還輕，使它自由飄上天空；此外，還有水蒸氣，它會變成雨滴降落在地面上。

臭氧的超級任務

有些少見氣體能夠影響地球的天氣和氣候，臭氧就是其中一種，你一定也聽說過。臭氧是氧的另一種特別形式，由空氣中一般的氧所產生，對動植物來說都是有毒氣體，並會讓小朋友嚴重咳嗽。幸好臭氧只佔不到空氣成分的幾千萬或幾億分之一。

距離地表十到五十公里的天空，那裡的臭氧濃度大約是一般空氣的一百倍，而這絕對是件好事。因為臭氧層可以阻擋並吸收太陽光中致命的紫外線，以免地球上的生物受到傷害。臭氧層就像一副高掛空中並且可以過濾紫外線的太陽眼鏡一樣。

從幾年前開始，臭氧層的厚度逐漸變薄，有些地方甚至已經破了，罪魁禍首就是某些人造化學物質。這些原本在自然界中沒有的物質，是人類製造出來的，例如氟氯烷（氟和氯所組成的碳水化合物），一般用在噴罐或冰箱。氟氯烷本身並沒有危險性，但是如果被釋放到空氣中，就很容易散發到臭氧層。我和本書另一位化學家莫利納（請見〈天空為什麼是藍色的？〉），以及其他科學家一起發現了氟氯烷對臭氧層的破壞過程。在臭氧層中，氟氯烷分子被紫外線分解，分解後所產生的部分物質，會協助紫外線繼續破壞臭氧層結構。如此一來，南極洲上空十二到二十二公里的臭氧層每年春天一到便逐漸消失，造成破洞，而危險的紫外線就很容易透過臭氧層破洞直達地表，增加地表的紫外線強度。

發現這件事後，我們立刻將研究結果公諸於世。還好，許多國家非常重視這個問題的嚴重性，不再生產及使用氟氯烷，而改用其他化學物質替代。即使如

此，大概還要再等五十年，臭氧層的破洞才會補滿，回復到原來的厚度。目前還在臭氧層中的氟氯烷，必須經過長時間才能完全被分解。

除了擔任阻擋紫外線的地球保護層之外，臭氧還有另一項重要任務──讓地球維持溫暖。臭氧、二氧化碳、水蒸氣和其他氣體，會將地表散失到空中的熱度，再次反射回地面。這個作用方式就像溫室一樣，陽光透過溫室的玻璃屋頂照射進來，一部分的陽光射到園丁種的花和菜這些植物上，另一部分透過地板，在地底轉變成熱輻射，然後又逐漸上升。這些熱無法穿透玻璃屋頂散射到外面去，所以就會不斷使屋內空氣的溫度升高。因此，即使是冬天，溫室中也夠溫暖，可以種植黃瓜和蕃茄。

溫室效應過多有害

地球就像一座超大型溫室。太陽光穿射大氣層到達地表，一部分的陽光轉變成熱氣，再輻射回大氣層。臭氧、二氧化碳、水蒸氣和一些其他氣體（例如甲烷），會在這些熱氣消失在宇宙中之前，吸收一部分熱並把它再次反射回地面。這些氣體的功能類似溫室的玻璃屋頂，所以我們統稱這些氣體為「溫室氣體」，而它

們造成的影響就是「溫室效應」。

　　有這些溫室氣體多棒！因為如果沒有它們，熱就會逸散到宇宙中，地球將會結冰。不過，「凡事過多總是有害」的原則不只適用於吃巧克力，溫室效應也一樣。事實上，大氣中溫室氣體的數量正逐年增加，特別是二氧化碳和甲烷。人類正是肇事者，因為我們消耗愈來愈多的糧食和能源。

　　當我們燃燒更多汽油、燃料油和瓦斯時，比方說開車，就會增加大氣中二氧化碳的含量。此外，我們恣意砍伐熱帶雨林，也會增加二氧化碳的濃度。甚至我們吃太多肉，也會對氣候造成負面影響。目前全球共有十三億頭欄牧和放養的待宰牛隻，牠們的肚子裡有一種「甲烷細菌」，可以消化牛吃下的草。所以，當牛兒打嗝或放屁時（對不起，太粗魯了），就會產生甲烷。另外，這些牛、豬和其他寵物的排泄物，也都會被細菌分解成甲烷。

　　還有其他原因會使溫室效應持續提高地球的溫度。如果按照現在的模式一直進行下去，一百年之後，地球的氣溫就會比現在高出好幾度，足以讓地球南北極冰河的冰開始融化。冰河融化之後，增加的水將會填滿海洋，淹沒許多港口城市。

　　此外，地球的氣候也會因溫室效應而改變：德國的

冬天不再那麼寒冷，雨量會增加但雪會減少；地球某些地區會洪水氾濫，而其他區域卻會水乾土裂，形成旱災。所以你看，如果我們任意改變空氣中的成分比例，後果將不堪設想。

大自然的魔術師

空氣不只對長期的氣候有所影響，也可以決定每天何時何處下多少雪或是雨、是陽光普照還是陰雨綿綿、是溫暖還是寒冷、是颱風還是悶熱。下次注意聽聽新聞之後的天氣預報：

「有一片低氣壓籠罩在英格蘭上空，為歐洲中部帶來潮濕的暖空氣；相反地，冷空氣則到達伊比利半島……」

天氣預報幾乎每天都會提到「空氣」。要做這樣的天氣預報，實在不是件簡單的事，特別是針對某個地點做出正確的預報。天氣預報必須依據幾個簡單而重要的原則：第一，暖空氣比冷空氣輕，所以暖空氣會向上升，而冷空氣會下沉。第二，冷空氣團和暖空氣團喜歡「混」在一起，彼此接近就產生了「風」。第三，暖空氣比冷空氣夾帶更多水蒸氣，因此，只要暖空氣一冷卻，就會下雨。

　　看起來很簡單，不是嗎？錯了，整件事扯上天氣就變得複雜。因為太陽光照射地球之後，並非對各地平均加溫。熱帶地區的照射最強烈，所以那裡會產生溫暖而潮濕的空氣。它們首先會上升然後慢慢朝向較寒冷的國家移動。到達較寒冷的地區時，熱空氣中的水蒸氣會被冷卻，變成雨滴降落到地面。

　　因此，某個地方、某一天的天氣如何，將取決於其他許多因素，像是當時是夏天還是冬天，以及是否有氣團經由海洋移動過來或是停留在高山地區。

　　「空氣」對我們有極大的貢獻，會影響天氣、維持地球的溫暖、吸收有害的紫外線、供應我們氧。空氣就像食物和水一樣，是我們賴以維生的寶貴物質。還有，空氣也是你的好玩伴！吹口香糖和吹泡泡都需要空氣，熱氣球、足球和汽艇也必須充氣，而無論是放風箏、吹笛子、吹口哨，或是對著放在飲料裡的吸管吹氣都和空氣有關。

（記錄：Monika Offenberger）

▌保羅‧克魯琛（Paul J. Crutzen）

1995 年諾貝爾化學獎得主，1933 年 12 月 3 日生。
因為研究發現臭氧層的破壞，而和莫利納、羅藍
得（F. Sherwood Rowland）共同獲獎。他目前是德
國馬克斯—普朗克化學研究中心的主任。

天空為什麼是藍色的？

1995 年諾貝爾化學獎得主　馬里奧・莫利納

　　雪白、草綠、橘黃……，某些東西會讓我們自然而然地聯想到某些顏色，所以我們有時就會把這些東西當成顏色名稱的一種。烏鴉黑、老鼠灰、天空紅……哎，不對不對，等等，應該是天空藍才對吧！說到天空我們立刻就想到藍色，如同說到煤炭就想到黑色，提到血就想到紅色一樣。為什麼天空（至少在晴天時）是藍色，而不是綠色或紅色呢？

　　如果你仔細思考這個問題，腦海中就會逐漸浮現其他一連串問題：為什麼天空會有顏色？天空不是由空氣形成的嗎？空氣也有顏色嗎？或是因為陽光有顏色呢？陽光又是什麼？它穿過空氣的時候，會發生什麼事？別著急，等一下我會用化學家或物理學家目前為止所知道的一切，把這些問題的答案解釋給你聽。

　　從很久以前，人們便開始探究天空和天空顏色的問題。某些人認為天空是藍色的，是因為它鏡射出海水的顏色。還有一些人認為，天空中一定充滿了細微

的藍色飄浮物。兩千多年前，希臘哲人亞里斯多德就曾經推測，只有光線才有顏色，而黑暗是無色的。這位聰明的希臘哲學家是對的，我們周遭的物體是因為光線的照射，所以才會有顏色。

光線像水波一樣會轉彎

雖然陽光看起來是白色的，其實它裡面藏著各種顏色喔！紅色、橙色、黃色、綠色、藍色和紫色。當陽光照射雨滴，在天空化為一道美麗彩虹時，你就能看見這些燦爛的顏色了。因為小水滴阻斷了光線的照射路線，迫使光線改變前進的方向。所以，陽光中的顏色多多少少都被迫轉向了，其中紅光轉向的程度最少，橙光比較多一些，而黃光、綠光和藍光則更多了，偏離原來路徑最多的是紫光。所以我們每次看到的彩虹才會有一樣的顏色順序：

紅、橙、黃、綠、藍、紫。

為什麼光線在遇到障礙物時會改變路徑呢？試著把光線想像成水波，你就很容易猜到答案喔！三百五十年前，荷蘭的物理學家惠更斯（Christiaan Huygens）就有這個想法，今天的科學家們依然相信，光線行進的方式和水波是一樣的。

　　假設雨滴落在地上的水坑裡，當雨點碰到水面的那一剎那，就會產生小小的水波，然後一圈圈地向外擴散出去。如果這個水波碰到一顆小石子或其他障礙物，所有波紋將被反彈回來，改變行進的方向。同樣地，光波在通過空氣、雨滴或其他障礙物時也是如此，會偏離原來的直線路徑。

　　就像海裡和水坑裡的水波大小有所不同一樣，光波也有各種不同的長度。最主要的不同在於兩座波峰之間的距離，我們稱之為「波長」不同。我們無法用肉眼分辨波長，因為間距實在太細微，不到頭髮細度的百分之一。不過，只要使用特別精密的儀器就能確定各種光的波長。光線中的每種顏色都有自己的固定波長，例如紫光和藍光的波長非常短，而紅光的波長則相對較長。

　　就是因為波長的不同，各種顏色的光線遇到障礙物時的轉折程度才會不同。讓我們再回到前面水坑中小石子的例子：由雨滴所產生的小水波，會被較大的障礙物，如一顆石頭，完全破壞。不過，如果是你用手在水坑邊緣撩起的強力水波，那麼小石子就只是一個矮籬笆，水波很容易一躍而過，直抵坑邊。

　　而不同的波長的光波也類似這樣，波長較短的藍光比起波長較長的紅光，要更容易被空氣中的障礙物

所影響。現在你知道為什麼雨滴可以讓白色的陽光可以分裂成數種顏色，而變成我們看見的彩虹了，接下來你就會了解為何天空是藍色了。

　　陽光在天空中照射時，即使沒有雨滴，也會不斷碰到許多障礙物。因為陽光所穿射的空氣並非「空無一物」，而是由許多微小分子所組成。其中九九％是氮及氧，其他則是稀有氣體，以及由汽車排氣、工廠排煙、焚燒森林和火山爆發產生的懸浮物。

　　雖然氮和氧分子的大小不到雨滴的百萬分之一，但它們還是會阻擋陽光的去路。光線射到這些許許多多的「小絆腳石」，進而改變行進方向：套句我們化學家或物理學家的說法，光線被散射了。

白光可以分成彩虹般的顏色

　　波長較短的藍光和紫光被散射的程度大於波長較長的橙光以及紅光。因此，被散射的光線中，藍光和紫光的佔有率分別是紅光的六倍和十倍。而綠光、黃光和橙光對於藍光和紫光的強大優勢也無計可施，於是散射的光線就成了藍色——天空藍！

　　英國物理學家和諾貝爾獎得主瑞利（Lord Rayleigh）在一百三十年前就發現了這個現象。為了紀

念他的成就，我們就把這個現象稱為「瑞利散射」：光線在通過空氣時，會依照不同的波長產生不同程度的轉折。當你抬頭眺望天空的時候，看到的主要都是這種藍色的散射光線，並不是原來的太陽光，否則天空就是白色的了。

如果你想看看陽光直射時的顏色，你就必須直接看著太陽，不過，絕對不可以這樣做喔！因為直射陽光的亮度既強又危險，一旦看久了，就可能在短時間內對你的眼睛造成重大傷害，甚至會讓你失明。

現在你已經知道，白光可以被分成彩虹般的顏色。相反地，分散的色光也可以被聚合成白光，在陽光普照的日子你就可以觀察到。有時候你會發現，接近地平線的天空，就是天空與地表相接之處，幾乎是白色的，或者是非常淺的藍色，至少比你頭頂上的天空顏色要淺得多。這是因為地平線處的陽光必須穿射過漫長的空氣才能到達你的眼前，陽光沿路會跟空氣中許多細小分子擦身而過，比從頭頂的天空直達地面所碰到的分子還要多更多。這無數的空氣分子會將陽光一次次地散射，所以地平線的天空看起來才會是淺淺的藍色。

牛奶的白色也是一樣的道理。假設你在一塊深色布幕前放一杯水，然後滴入一滴牛奶，另一端你拿一

把手電筒朝杯子照射，當光線通過杯子的時候，你會發現水中的光線是藍色的，這就是瑞利散射。但是，當杯子中的牛奶愈多時，光線就會愈偏向白色。因為光線會被這些牛奶分子不斷散射，最後就變成白色，和接近地平線的天空顏色一樣。

從地平線到我們眼前的這條漫漫大氣長路，不只會使地平線的天空在白天時看起來比頭頂上的天空顏色淡，在太陽下山時也會讓天際染上美麗的紅色。傍晚的陽光在行進路線中所碰的微小分子，會把光線中的藍色和紫色向四面八方散射出去，因此，當傍晚的陽光從地平線到達你眼前時，就只剩下很少的藍光和紫光了。

臭氧層的功能仿如太陽眼鏡

你現在肯定想知道為什麼夕陽大都是橘紅色的？因為短波的藍光和紫光都被散射殆盡，此時到達你眼中的就只剩下波長較長的紅光和橙光了。讓我們觀察一下夕陽。因為你只能看到沿著直線路徑通過空氣到達眼前的陽光，所以在太陽下山時主要是黃光、橙光和紅光。白天時，你主要是看到被散射的光，所以天空是藍色的；傍晚時，你主要是看見沒有被散射的光，

所以天空看起來是紅色的。

這樣一來，我們就能同時解釋白天天空是藍色以及傍晚是紅色的原因。不過，在太陽下山之後，天幕間還有一段時候是深藍色的。這是很少見的，一般而言，即使下山的太陽從大氣層最外圍所傳到地面的微少光線，應該不只有藍色的散射光線，而應該包含所有的顏色才對啊！

這個謎題的答案直到五十年前才被物理學家找出來。有一種特殊氣體形成暮色中的藍色，這種氣體在地球表面上空約二十到三十公里高的地方形成很厚的氣層，也就是我們熟知的臭氧層。臭氧對於傍晚的陽光就像是一個濾色器，它會截住黃光和橙光，而讓藍光幾乎毫無阻礙地穿過。等到最後一點光亮閃過天際時，所有的顏色就會消失在黑色的夜空中。關於這些理論，你們有興趣可以繼續閱讀賀伯（Götz Hoeppe）寫的一本書《藍色，天空的顏色》（*Why the Sky Is Blue: Discovering the Color of Life*，2007）。

臭氧不只會影響遲暮時的藍光。除了紅光和黃光之外，臭氧還會吸收另一種肉眼看不見的特殊光線：紫外線。你一定也聽說過，紫外線對於生物及人類有多危險。如果你直接在太陽光下曝曬過久，就會被曬傷。維持大氣中臭氧層的厚度，讓它盡可能地吸收紫

外線，這對地球上的所有生物都很重要。

可惜，對於生命這麼重要的保護層，現在已經有多處變薄了，甚至在南極圈上空還破了一個大洞。破壞臭氧層的罪魁禍首就是一些特殊的化學物質，例如氟氯烷，通常被當成液態加壓劑，裝填進頭髮定型液或除臭液的噴罐當中。我和同事仔細研究了這種對臭氧層有極大殺傷力的物質，並且發現這種物質破壞臭氧層的過程。從那時候開始，許多國家都開始禁用這類「臭氧殺手」。那使我相信，臭氧層還是有復原的希望，並且可以繼續完成它的重要任務 —— 保護地球上的生物不會受到要命的紫外線的傷害。

事實上，臭氧層是地球上的生物自行製造的，透過細菌、海藻和其他植物進行光合作用而成，對於這部分，我的同事修伯在這本書第十章〈樹葉為什麼是綠色的〉有詳盡解釋。這裡你必須要知道的是，透過光合作用，大氣層中才會充滿氧，於是臭氧也跟著產生了，因為臭氧是氧的另一種形式。氮和「普通的」氧使得白天的天空變成藍色，而臭氧又可以讓遲暮的天空在絢爛的晚霞之後，再度染成藍色。

海水也是藍色的，它覆蓋了三分之二地表。漂浮在海洋上的陸地像泥土一樣是棕色的，或像森林一樣是綠色的，然而，上方的天空卻總是藍色的。不只

是從陸地往上看，從外太空中看起來也是如此，地球就像被藍色的薄紗包起來一樣。太空人從外太空觀察地球證實，大氣中閃爍著天空的藍。所以地球被稱為「藍色的星球」真是實至名歸，而這個獨特的藍色就是生命的顏色。

（記錄：Andre Behr 及 Monika Offenberger）

▋馬里奧·莫利納（Mario J. Molina）

1995 年諾貝爾化學獎得主，1943 年 3 月 19 日生。因為研究發現摧毀臭氧層的氣體，和克魯琛、羅藍得共同獲獎。莫利納目前任教於美國麻省理工學院。

樹葉為什麼是綠色的？

1988 年諾貝爾化學獎得主　羅伯‧修伯

　　你已經在期待春天的到來，大地一片萬紫千紅的樣子了嗎？丁香花閃爍著紫色的光芒，蒲公英穿上黃色的禮服，第一朵罌粟花則綻放出耀眼的紅色。

　　只有樹上的樹葉年復一年都是綠色，除了綠色，還是綠色！為什麼這些樹葉不跟其他花朵爭奇鬥妍呢？嗯……其實它們身負更重要的任務，因此必須是綠色的。

光合作用的魔術

　　這類綠色，也就是葉子的顏色，是為了讓大樹維持生命、繼續成長，並且讓新生的樹木順利從地面上發芽，而不會被其他生物吃掉。因為葉子的綠色可以完成其他顏色無法完成的使命，能夠把陽光變成電流，再用電流將空氣和水轉變成醣質。我們化學家稱這個魔術為「光合作用」，在希臘文中的意思是「用光組

裝起來」。綠色植物會將醣質和其他從地下吸收的養分聚集在一起，再用此「製造」出新的葉子、花朵和果實。

為了讓你了解光合作用的運作方式，我必須先解釋一下「光」到底是什麼。陽光充滿了各種顏色。如果你不相信，你可以拿一條水管，接著直接把水柱噴向太陽，然後你就會看見一道接著一道不同顏色的光線。因為水滴會把光線的顏色分離，並在空氣中形成一道小巧的彩虹，最外圈是紅色的，然後依序是橙色、黃色、綠色、藍色、最裡圈則是紫色，看起來就像天上的彩虹一樣。

我們通常都是同時看到光線中的所有顏色，所以陽光看起來是無色的。不過，只要缺少其中一種顏色，你所看見的光線顏色就是其他所有顏色的混合。如果，所有顏色全都不見了，那麼就是像黑夜一樣的黑色。若只剩下一個顏色時，你看到的當然就只有這一種顏色的光囉！

蒲公英是黃色，因為除了黃色以外，它把陽光中所有的光全都「吞」了進去。天線寶寶中的丁丁是紫色的，因為除了紫色以外，丁丁身上的毛把陽光中所有的光都「吸」走了。而葉綠素是綠色的，因為它讓陽光中其他顏色的光線都消失了，只留下綠色。

因此，我們眼中只能看見物體為我們特地「留下」的顏色。而其他的顏色都到哪裡去了呢？他們「轉化」了，大部分變成了熱。想像一下，為了能夠很快地暖和起來，我們把一盞發出紅光的燈掛在浴室裡。而熱度更高的是紫光，或稱為紫外線的光線。這種紫外線（UV）的光，我們的肉眼無法看見，也是讓我們在大太陽下被曬傷的兇手。

電子和光子的蹺蹺板

你現在一定想知道，這些有顏色的光是如何轉變成「熱」的？試著把太陽想像成一個小丑，他持續在手上拋著紅色、黃色、綠色和藍色的球。科學家把這些球叫做「分子」。你再繼續想像下去，所有的東西，包括花朵、車子、衣服或你的皮膚，到處都被小小的蹺蹺板所覆蓋，每座蹺蹺板的一側都是空的，而另一側則放著一顆球；每一顆球，我們稱之為「電子」。當小丑把另一顆球，也就是「光子」，丟向蹺蹺板空的那一側時，「電子」就會被彈跳到空中。而當這些電子再度掉下來時，就會在空氣中釋放出一些熱。

當然，實際上在蒲公英或天線寶寶的身上並沒有蹺蹺板。不過，是真的有電子。這些電子隱藏在所有

東西的內部。當陽光照射這些物體，也就是把光子「扔」向它們時，這些電子就會上下跳動。每一次當電子掉下來時，就會製造出一點點的熱能。

而樹葉的葉綠素便能夠把這些能量轉變成電力，就像是一座火力發電廠！這就是為什麼綠色的葉子，而不是玫瑰紅或藍色的葉子，對植物這麼重要的原因。因為，葉綠素能夠使得輕易被光線快速旋轉的電子，不那麼容易掉下來，不會因此讓熱能煙消雲散。此外，葉綠素還會把電子「丟」給它身旁的葉綠素鄰居，鄰居把電子接起來後又繼續傳給下一個葉綠素，直到停留在需要它的人手上。

不過，這整個過程都必須依賴陽光的照射，而且進行的速度極快，一秒鐘能有一兆次。別害怕，這些電子不會對你造成任何傷害，你根本感覺不到它們的存在。

為了讓這些電流不會消失，電流必須穿過一種「牆壁」到達葉子內部。這種牆壁我們稱之為葉壁，也充滿著葉綠素。在葉壁的另一邊，一些化學物質會「抓住」這些電子的能量，並把電子轉變成一種新的物質，叫做三磷酸腺核苷（ATP）。這是一種非常重要的物質，因為它可以將能量保存起來，就像把硬幣蒐集在藏寶箱一樣，直到葉子再度需要它的時候，為了提供

植物能量，再把它釋放出來。

假設一下，有人送你蛋、牛奶和麵粉。如果想要用這些材料做成可麗餅，我們必須先把所有材料用打蛋器混合攪拌，然後再把這團麵糊倒在平底鍋裡煎，直到金黃酥脆。不過，這個過程必須要有足夠的電力來驅動打蛋器和電爐。樹葉的情形也一樣，樹葉可以從大自然中取得免費的空氣和水，也知道怎麼從這些材料中製造出寶貴的醣。但是，樹葉也需要能源來結合這些材料，而 ATP 能提供所需的能源。

現在你可能會問：「修伯教授，你怎麼會知道這麼多？」

利用紅外線可以看見葉綠素

如果你用放大鏡觀察一片樹葉，你就能看到葉脈、葉溝和葉峰，但是看不到微小的電子和葉綠素。如果想觀察葉綠素和電子，就必須利用可放大一千萬倍的特殊顯微鏡。如果你把一顆足球放大這麼多倍，這顆足球就會像德國的面積一樣大。

在這種超級顯微鏡的幫助下，我和我的同事在十五年前利用紅外線而看見了極微小的葉綠素，同時也發現了電子的路徑。當然不是全部的路徑囉！事實

上，我們並不是直接觀察葉子，而是觀察一種可以像樹葉一樣行光合作用的細菌。

你和我一樣，為了生存都需要大量的醣、蛋白質和脂肪。因為我們沒有葉綠素幫我們直接透過陽光製造 ATP，因此我們必須從食物中獲取一切必要的維生素，例如從水果、蔬菜、核果以及其他的植物取得。或者，我們可以從動物身上的肉取得，因為這些動物也曾食用過某些植物。

喔，現在你一定已經發現，我們不能沒有植物！

若沒有植物，動物和人類就會餓死，甚至會窒息而死！因為我們賴以維生的氧也來自於植物。植物利用光合作用以水分製造氧，然後再把氧像丟廢棄物似地排放到空氣中。

人類透過呼吸作用將氧吸入肺部，然後再經由血液運送到全身。你的身體需要氧，因為氧可以幫你把吃進去的食物變成能量，這樣你才能夠踢足球、騎腳踏車及思考，尤其你的腦袋特別需要大量能量。

現在也許你希望人類也跟植物一樣，自己有葉綠素，可以自行製造醣和氧。可惜這行不通！如果你把葉綠素注射進皮膚裡，很快就會病死。因為，只有葉綠素而沒有將它固定的葉壁及 ATP，是十分危險的。這些葉綠素只會蒐集陽光，卻不知道怎麼利用它。很

快地，你的身上就會充滿一大堆「無所事事」的電子，它們會到處為非作歹，而讓你身受重傷。

當這些野蠻的電子太多時，也會在健康的樹葉上進行破壞。如果陽光特別炙熱，葉綠素就無法及時處理這些強光的能量，而植物本身也無法像人類一樣能躲避豔陽，於是就會開始枯黃、泛橘或呈現出樹葉中紅色的物質。這些非綠色的物質，可以讓這些經陽光照射後，所產生過多快速旋轉的電子再度掉落下來，把電子的能量以熱能發散出去，避免對植物的傷害。

在夏天時，這些彩色的物質都隱藏在葉子裡，它們的顏色也會被葉綠素掩蓋，但在秋天就變得格外重要。因為在樹葉掉落之前，植物會把寶貴的葉綠素變成其他物質儲藏起來，作為明年的養分之用。而當植物的綠色完全從樹葉上消失之後，你就能夠看見其他顏色囉！因此，很多樹到了秋天，才會展現出詩意般的黃色、橘色及紅色。

（記錄：Monika Offenberger）

▌羅伯‧修伯（Robert Huber）

1988 年諾貝爾化學獎得主，1937 年 2 月 20 日生。
因為「確定光合作用反應中心的三度空間結
構」，與戴森何佛（Johann Deisenhofer）及米歇爾
（Hartmut Michel）共同獲獎。他目前在德國的馬
克斯─普朗克研究中心從事生物化學方面的研究
工作，並且任教於慕尼黑科技大學。

地球還會自轉多久？

1979 年諾貝爾物理學獎得主　謝爾登‧格拉肖

「地球還會自轉多久？」這的確是個好問題。只要我們還能思考，我們就得認真想想。

我之所以會成為物理學家，是因為我在學校的時候一直搞不懂地球和月球到底在做什麼，於是我下定決心，一定要自己找出答案。所以你們必須有心理準備，接下來我要講的東西不是那麼容易了解，很多聰明人對這個問題，即使想破了頭，還得不到滿意的答案呢！

到目前為止，我們至少知道地球是繞著自己的軸心旋轉。所謂的軸心就是貫穿南極和北極間一條想像的直線，它正好穿過地球的中心點。地球上所有的生物都是跟著地球一起旋轉，人類也不例外。

但為什麼我們感覺不到地球在旋轉呢？因為地球太大了，而且旋轉的速度非常緩慢。不過，你可以間接察覺到地球在自轉，例如，我們有白天和夜晚。當果你居住的地方轉向太陽時，那就是白天；如果背對

太陽，就是夜晚。你一定玩過陀螺吧？只要你用力把它拋出去，它就會開始旋轉。跟陀螺不一樣的是，地球不是原地旋轉，而是繞著太陽的軌道自轉。再仔細觀察一下，你會發現這個軌道不是圓形，而是橢圓形的，就像雞蛋的外形一樣。

星球的誕生 —— 大霹靂

我們利用三個球體來說明：一個是地球，一個是月球，另一個是太陽。這三個球體都在自轉，除此之外也繞著所謂的「公轉軌道」運行。地球繞行以太陽為中心的公轉軌道一圈需要一年。月球繞著地球公轉一圈需要大約四週。太陽則繞銀河的中心點公轉，銀河是個超大的空間，容納了太陽、月球和諸多星辰。而太陽公轉一圈的時間超乎我們的想像，長達兩億五千萬年之久！

如果你們對「地球還會自轉多久？」有興趣，那麼一定也想問：這一切到底是怎麼開始的？可惜，到目前為止還沒有人確實知道。我們猜測，宇宙在幾十億年前發生了一場大爆炸，就是所謂的「大霹靂」，由此產生了原子並組成其他固體物質，這些固體物質在太陽周圍形成許多星球。那麼太陽又是在什麼時候

形成的呢？我們也只能猜測，是在大霹靂後的某個時期，不過，那無法用我們的時間觀念去理解。

大霹靂時形成了哪些星球，我們並不知道，我們只知道它們曾經存在過，因為它們是地球及所有你們在夜晚看見的星星的起源。

事件的經過是這樣的：巨大的力量使原始星球像餅乾一樣碎裂開來，讓宇宙中充滿了塵埃、岩屑和碎石。後來這些物質又再度聚集成塊，形成新的結構，變成衛星、行星和隕石。你們一定都知道這三種東西是不同的形式吧，月球是衛星、地球是行星，而隕石是一種大型的石塊，它們在宇宙中到處飛行，有時候就會變成我們所看見的美麗流星。

至於為什麼地球繞著自己的軸心自轉，這還是個謎。即使不這麼做，地球還是可以安穩地保持在公轉軌道上運行。在這裡我得再強調一次，我們對於宇宙中的事物還知道得很少，很多現象我們都只是「知其然但不知其所以然」，或許在人類有限的時空裡，這個問題永遠都會是無解之謎。

因此，人們相信有神——全能的造物主，祂創造了宇宙、星球、人類，以及地球所有生物。人們透過這位無所不在、無所不知的神，找到心靈的慰藉。

停不下來的牛頓運動定律

有一些智者依然鍥而不捨地研究宇宙和世界，想找出其中的奧祕。牛頓就是其中之一。牛頓生於十七世紀的英格蘭，他發現當用力讓一個堅硬的物體在直線上運動時，除非碰到阻礙，否則物體不會停下來；不過有一個前提：該物體必須是堅硬的固體才行。我們將這個理論稱為「牛頓運動定律」，你們在學校的物理課一定學過了。

回答你們的問題實在不是件容易的事。在進入主題之前，我們還得先聊聊其他東西。幸好，現在我們已經向既定目標推進一步，你們已經知道：物體的運動必須遇到阻礙才會停止。地板、水，甚至空氣都可能成為阻礙，聽起來好像很不可思議，對嗎？試試看，在汽車行駛的時候把手伸出窗外，你感受到什麼？對了！就是阻力！

球、彈珠、磚塊等東西掉到地面時，都會停止運動。若在宇宙空間裡，這些東西將會不停地飛行。因為在地球、月球和太陽運行的宇宙中並沒有空氣，所以飛行時也沒有阻力。

為什麼月球要繞著地球轉、而地球又要繞著太陽轉呢？這很容易了解。他們互相吸引，就像磁鐵的吸

力一樣。你可以把星球想像成磁鐵。理論上太陽、地球和月球會愈轉愈近，直到相撞為止，還好它們相距甚遠，而且彼此的吸力也不夠強。地球離月球三十八萬四千四百公里，離太陽則有一億五千萬公里。

我們無法想像這個距離有多麼遙遠。不過，你一定在電視上看過，當歐洲記者向駐美國的記者提出問題時，由於兩地距離很遠，所以他們問答的聲音聽起來有些延遲。也許只延遲了一秒，但是已經足以讓人察覺。記者在歐洲提出問題之後，聲音必須先透過通訊器材「旅行」到環繞著地球遊轉的人造衛星上，然後才能再度被傳到美國的地面上。

若太空人在月球上提出問題，大約需一秒鐘才能傳到地球；如果在太陽上提出問題，則要八分鐘後地球才能接收到。你現在知道這個距離有多遠了吧！

經過我的說明，你們應該已經了解為什麼地球、月球和太陽會一直運轉的原因了：因為在宇宙中沒有阻力。故事還沒有結束喔！接下來我要告訴你們更有趣的事：儘管如此，地球還是不會永遠自轉下去。

怎麼會這樣呢？

還記得牛頓的運動定律吧：堅硬的物體會一直運動下去。不過地球並非堅硬的物體，它比較像是包著餡的夾心巧克力，內部是液體狀的核心，往上是中間

夾層，然後是外層，最外面則是堅硬的地殼，再裹上
一層覆蓋物也就是我們上空的大氣層，而在大氣層之
外就是空盪飄渺的宇宙。

　　大氣層裡並非空無一物，那裡飄著雲，刮著風。
球體中的每一層也都在運動，有時運動方向恰好跟地
表的運動方向相反。因為這些地層全都在漂移，產生
各種現象，所以地球不是一種堅硬的物體。

　　讓我們先看看地殼。我們在地殼上活動，地殼上
有陸地跟海洋。它是最薄的一層，七○％被水體所覆
蓋，其中一大部分是海洋；由水體產生了潮汐和水流。
繼續說下去之前，我們先來做個實驗。你拿一個塑膠
盆裝滿水放在桌上，然後用力推動這個盆子。接著搖
動盆內的水，這時你若試著推動這個盆子，所用的力
氣一定比水面靜止時還要多。

　　我們的地球已逐漸筋疲力盡，因為它得持續載著
這麼多搖晃的潮汐和水流運轉，所以旋轉的速度會愈
來愈慢。地球自轉並不會一下子慢很多，一年也許只
有一秒的時間差，於是每一年的時間逐漸增長，因此
我們每年都必須校正時鐘。

未來需要尋找新宇宙

在恐龍還活著的遠古時代，地球自轉的速度比現在快，當時一天只有二十三小時。未來一天可能會有二十五小時、二十六小時，然後一直逐漸增加。因此，地球在某個時刻將停止轉動，不過別害怕，到這一天來臨前還要很久很久，遠在我們的時間座標之外。

在此同時，月球也會有一些重要的改變，它會離地球愈來愈遠，同時月球引力會逐漸衰退，因為月球自轉速度也和地球一樣日漸趨緩。我們可以實際測量到這個現象。你向月球發出一個訊號，然後等它反射回來，我們發現所需的時間愈來愈久，雖然只有幾十分之一秒的差別，但還是可以證明，月球正在離我們遠去。

地球自轉速度愈來愈慢，月球離地球愈來愈遠。這對人類的未來有什麼影響呢？關於這個問題，我們只能憑空想像。物理學家們相信，即使月球偏離目前的運轉軌道，有一天還是會回到地球的身邊。

什麼？這怎麼可能？月球怎麼會「回心轉意」呢？

是的，月球的確不是心甘情願回頭的，而是因為逐漸靠近太陽，然後被太陽強力「送」回地球身邊。這個過程實在太複雜了，很難在一時之間解釋清楚。

不過，你們一定要相信我，我花了很長的時間研究，才能證明這個事實。

危險的是，月球將一步步逼近地球，巨大的力量會把月亮撞得四分五裂。而這些碎石塊必然會傾盆而下，摧毀地球。放心！你的親朋好友依舊會平安無事，因為距離這場悲劇的發生還有幾百萬年。

我相信到那個時候，人類也許已經找到另一個宇宙，另一個太陽，另一個地球和另一個月球。人們也可以輕而易舉地到這些地方旅行。這個新宇宙在哪裡？我也不知道。幸好我還有足夠的時間來發現它。

（記錄：Gerhard Waldherr）

▍ 謝爾登‧格拉肖（Sheldon Lee Glashow）

1979 年諾貝爾物理學獎得主，1932 年 12 月 5 日生。因為發現電磁力的交互作用，而榮獲諾貝爾物理學獎。目前任教於美國波士頓的哈佛大學。

電話的運作原理是什麼？

1986 年諾貝爾物理學獎得主　格爾德・賓尼希

　　你有行動電話嗎？只要嗶一聲就可以把訊息傳給朋友。甚至你在學校還用簡訊來傳遞數學習題的答案？你父母大概不能完全了解，簡訊到底可以做什麼，否則他們一定會禁止你把行動電話帶去學校。

　　我們已經無法想像，生活中如果沒有行動電話該怎麼辦。但是你真的知道行動電話及電話是怎麼運作的嗎？你是否想過，從家裡打電話出去，怎麼能把聲音傳到半個地球遠，而且還聽得清清楚楚呢？

　　我小的時候，還沒有行動電話這種東西。我的父母特別珍惜我家的電話，總是跟我說：「只有在緊急的時候才可以打電話！」於是我們小孩子就自己組裝一台電話。只要把兩個空罐子，用一條長長、繃緊的細繩連接起來，就成了一台電話了！在空罐子的一頭輕聲說話，在另一頭把耳朵緊緊貼住空罐子口，然後再把繩子牢牢繃緊，就是在隔壁房間也可以清楚聽到對方講話的聲音。當時我們興奮地大叫：「可以用耶！」

貝爾發明說話的電報機

這種興奮之情肯定就像貝爾（Alexander Graham Bell）和他的同事華特生（Thomas Watson）當初發明電話時一樣，當時他們從兩個不同的房間，透過他們發明的電話互相交談。

那時候是一八七六年，大概是你曾曾曾祖父的時代！貝爾經過相當多年的實驗，直到他成功製造出一台可以用來「說話的電報機」（貝爾對這項發明所取的名稱）。當時的人們已經可以用電報機（電傳打字機）打電報，打電報就像把希臘文翻譯成德文一樣，但是電報機的功能遠比不上現代的傳真機那麼完美，那是一種電報線連接到字母金屬片的機器。把電報機開關打開，電流就會流過電報線，根據電流大小，指針就會指向金屬片上不同的字母，藉此傳遞信息。當時電報機的性能還相當不穩定。

很快地，摩斯密碼就出現了。為什麼叫做摩斯呢？因為發明者是美國人摩斯（Samuel Morse）。摩斯密碼跟電報機的原理不一樣，不是把不同的信號透過電線傳出去，而是只傳出兩個訊號：短訊與長訊。

依照不同的長短訊號組合，便構成不同的字母與字彙。其中最有名的訊號就是 SOS，那是船員的國際

求救訊號：三個短訊號、三個長訊號、三個短訊號。如今幾乎沒有人使用摩斯密碼了，不過你可能認識SOS這個求救訊號。有些頑皮鬼會將行動電話的鈴聲設定成這個有趣的訊號：「SOS：嘟嘟嘟、嘟—嘟—嘟、嘟嘟嘟。」

貝爾並不滿意摩斯密碼，他想要的是真正可以傳送談話內容的機器。貝爾擔任聽覺障礙孩童的老師，他知道講話如何透過聲帶的振動及呼吸來形成。如果要讓聽障學生知道他在說什麼，貝爾就會抓著這個小朋友的手，放到他的喉頭，讓小朋友的手「感受到」不同聲音，並且模仿這種震動方式。

聲音的震動會自然地傳到空氣中，而且是同時往各個方向傳遞，就像你丟一塊石頭到水裡一樣，會產生陣陣波紋。不同音高的聲音，就會產生不同大小的波紋。如何才能把某個地方的聲音傳送到其他地方呢？貝爾必須想個辦法，讓聲波只依循一個方向傳遞過去，也就是直接前往聽者所在的方向。

之前我跟你們提到的空罐子電話，就是透過一條細繩來傳遞聲音，如果我們對空錫罐說話，聲音會使這條細繩震動，聲波藉此傳到另一頭的錫罐。不過這種方式可沒辦法讓聲音從台北傳到高雄！距離愈遠，聲波就愈弱，最後便會消失。這是因為那條細繩是由

鬆弛的材料所做成的，繩子旁的空氣會使震動減弱。

　　所以貝爾和摩斯一樣，用電力作為傳輸媒介，電流以波狀方式流動，而且比聲波在細繩上的傳輸速度快太多了。一條電線包含了無數細微的小元件，這些細微的元件持續在移動，也就是所謂的電子。如果有人在電線的這一端撞擊了一些電子，這些電子就會以迅雷不及掩耳的速度撞隔壁電子一下，被撞的電子又繼續撞隔壁的電子，直到電線的末端為止。

光速傳送的電子撞擊

　　這種撞擊的速度既迅速又持久。就像一輛擠滿人的火車，有一個人在車廂末端用力撞了前面的人，被撞的人險些跌倒又推撞前面的人，互相推擠直到站在火車最前面的人為止。電子之間的碰撞並不需要直接接觸，它們不喜歡這種「肢體接觸」，所以不會脫離軌道。

　　一條電線中會有許多電子，是因為上面也有許多質子。質子位於原子的核心，原子則是構成電線的基本單位。如果一個電子太靠近另一個電子，這個電子就會立刻閃開。

　　有趣的是，電子會互相「打」電話，而且是持續

不斷地打。它們用無線的方式打電話，透過發送光電（光子）來打。基本上我們可以說，因為電子彼此打電話，所以我們也可以用相同的方式通電話。電子將訊息沿著電線傳輸，不過我認為，電子並不知道它們傳送的訊息是什麼。

因為電子相當輕，所以可以迅速反應，而且它們以光訊號溝通，所以任何電子的撞擊（衝擊波）都可以用光速傳送。幸好速度這麼快，否則我們就無法跟美國的親友通話了。你想像一下，如果我們要透過一條細繩說話給美國那邊的人聽，這句話即使可以順利傳過去，最快也要一小時，然後我們還要再等一小時，才能聽到美國那邊的回答。

我們再回來看看貝爾的故事。貝爾一有空就鍥而不捨地組裝機器，但是每次都只聽到刺耳尖銳的聲音。最困難的地方在哪裡呢？就是如何把聲波轉變成電子的衝擊波。最後的突破發生在偶然之間，有一天貝爾的助手華特生在實驗室被腐蝕性的溶液濺到，他緊張地喊著：「貝爾先生！請您趕快過來！」過了幾秒鐘，貝爾先生就打開門衝進來了，他是透過連接兩間房間的組裝機器聽到華特生的喊叫，而不是聽見穿透牆壁的聲音。

長期的努力終於有了成果，華特生求救呼喊的聲

波透過電線傳到貝爾的機器。為了使電波更穩定，貝爾繼續改進他發明的機器，他在話筒端裝了一片繃緊的薄皮，我們稱之為薄膜。你可以把這片薄膜想像成一層薄薄的膜，就像在盤子上包緊的保鮮膜一樣。這個薄膜接收貝爾的聲波，並將聲波傳到一個線圈，之後轉換成電波。

今天，我們把轉換聲音為電波的機器稱之為麥克風。另外我們還需要一個機器，可以把電波再轉換成聲音，以便聽到話筒另一端的聲音，這種機器我們現在稱為擴音器（喇叭）。擴音器也套了一層薄膜，如果你把手放在擴音器上面，可以感覺到震動，就像貝爾當年觸摸到學生喉頭的震動一樣。

一八七七年，貝爾成立了一家電話公司，將電話發明推廣到全美國。到處都開始鋪設電纜線，為了讓各地人們都可以利用電話通話，線路很快就橫跨美國及歐洲。後來人們甚至在海底鋪設更粗的電纜線，連接各大洲的聲音。

0 與 1 的數位密碼

現在使用行動電話的人日益增加。行動電話不再需要電線，因為它的運作方式就像收音機一樣，聲波

透過發射台向四面八方發送。如果有收音機，就可以聽到廣播電台的節目；而打行動電話的人，只對一位特定的接收者發送聲波。為了不讓其他人聽到你們在行動電話中的談話，行動電話必須先核對正確的電話號碼，然後才能解碼。

如果你的行動電話處於開機狀態，它就會與附近的發送站（基地台）連線著。即使你沒有打電話，基地台也一直知道你在哪裡，因為你的行動電話持續發送訊號給它。不過這個訊號你卻聽不到。如果現在有個人撥了你的電話號碼，電信中心（行動電話公司）會發送訊息給所有的基地台（但是如果你不在基地台附近，行動電話就不會有任何反應），基地台就繼續把這個訊息傳送出去。原本是雜亂無章的電波，變成一個專屬於你的訊息，就好比坐在你後面的同學用簡訊傳給你的數學習題解答。

如果太多人同時講話，根本無法聽清楚誰在說什麼。同樣地，毫無限制地讓許多基地台發送訊息，就會互相干擾，所以必須對空中的電話交談設限。

為了節省傳遞所需的訊號空間，數百萬支行動電話所發送的談話訊號和廣播電台所發送的電波不一樣，那種電波會立刻傳到目的地，並產生模糊不清的聲音。行動電話先將我們所說的話拆解成數位密碼，這種方

式有點像摩斯密碼，將每個字拆解成符號，只不過行
動電話並非使用長聲與短聲，而是用 0 與 1 的數字，
就跟電腦一樣！

數百萬被緊緊壓縮的 0 與 1，以封包的方式密集從
發射台或衛星發射出去，我們稱這種方式為脈衝。行
動電話的微小晶片把這些傳進與傳出的封包進行解碼
與編碼，將聲音轉變為電訊或將電訊轉換成聲音。

或許你已經聽過 UMTS 系統（譯註：**全球行動通
訊 系 統**，Universal Mobile Telecommunications
System）。這種技術不僅可以將你說的話，甚至連音
樂、文字或圖像都可以迅速地分解成 0 與 1，並且再
迅速地組合起來。所以，我們的行動電話不僅可以打
電話，還可以收聽廣播、收看電視、拍照並傳送給別
人或在網路上瀏覽。

許多人已經不再打電話了，如果想要找人聊天，
他們就坐在電腦前面，透過電話線，以網際網路的方
式來連接。

未來讀心術

網際網路是一種相當龐大且世界性的網路，全世
界大概有兩億台電腦可以相連。如果你家裡或學校有

網際網路，你就可以用它迅速地寄信到日本或阿拉斯加。這就是電子郵件——E-Mail（Electronic Mail）。

在未來，有些電腦可以發送與接收無線電波，以無線的方式在空中彼此連接，就像今天的行動電話一樣，讓你和同學互相聯繫。將來我們還是需要管線，因為它可以傳輸數量龐大的資料。不過很快地，我們就不需要用電訊來做為媒介，而是用光，就是所謂的光纖。這樣一來，我們就像電子互相打電話一樣，改用光來傳輸資訊。儘管如此，我們還是需要實體線路，而不是像電子般以無線的方式進行。

如果我們會讀心術的話，根本就不需要電話，那將更為方便。你不相信？嗯⋯⋯這當然有點困難，但並非全然不可能！

我們現在正在研發一種相當微小的微電腦，裝上最新發明的晶片。目前電腦所用的晶片，是一種細小的配電板，單純作為計算用途。而我們所要採用的新型晶片，是一種體積更小的思考機器，它將和我們身體最小的組成單位——「原子」一起合作。

我們可以利用這種晶片來建造機器，這些機器將比今天最快的電腦還要快，而且體積非常小，可以直接放在我們的身體裡面，或許也可以放在我們的大腦裡。然後，這個思考機器就能感應我們的想法，並且

翻譯成電子訊號，傳送給接收者。還是，你不希望有
人知道你在想什麼？

　　如果真有這種小小的思考機器，朋友就可以將數
學習題的解答祕密地傳送給你，或者讓思考機器直接
幫你解答。不過這還早得很，可能還要很久的時間，
那時你早就畢業啦！但這並不是幻想，你看看，你現
在可不是正和你的行動電話一起成長嗎？這是以前的
人根本無法想像的事。

（記錄：Petra Thorbrietz）

▌格爾德・賓尼希（Gerd Bonnig）

1986 年諾貝爾物理學獎得主，1947 年 7 月 20 日
生。因為設計出掃描穿隧式電子顯微鏡，而與羅
雷爾（Heinrich Rohrer）共同獲獎。利用這種電子
顯微鏡，可以清楚顯示出物體表面的原子結構。
賓尼希目前在瑞士蘇黎世的 IBM 研究實驗室擔
任主任。

為什麼有男孩和女孩？

1995 年諾貝爾生理醫學獎得主
克里斯汀・紐斯蘭渥荷德

你有兄弟或姊妹嗎？如果有的話，那你就知道你們彼此有些不同，即使你們都是由同一對父母所生。如果你沒有兄弟姊妹，那麼看一下你的朋友們，你會發現他們之間也都有些差異。有些人有藍眼睛，有些人是綠眼睛；有些人有雀斑，有些人有酒窩；有些人是金髮、紅髮或是棕髮。一定有些人很愛現，也有些人相當和善；有些人熱衷名利、自命不凡，而有些人卻是膽小鬼；有的人是運動健將，有的人是書蟲；當然還有一些人是窮兇惡極的大壞蛋。其中最大的不同則是：有些人是男生，有些人是女生！

為什麼所有的人不都長成一樣呢？或許那將減少許多麻煩！有許多人曾經提出這個問題，特別是當男孩與女孩、男人與女人之間發生衝突時。

繁衍後代的各種方法

　　然而，為什麼男生與女生一定要有所不同，這有三個重要的原因。第一，因為要有男孩跟女孩，才能變成男人跟女人，而男人與女人在一起，才能生小孩。第二，為了確保沒有兩個人會長得一模一樣，即使是兄弟姊妹也長得不一樣；除了一個相當特殊的例外──同卵雙胞胎。第三，這是一個相當有趣的原因，我最好等到這篇文章結束前再說明。

　　如果你很機靈的話，現在就會問：「為什麼一定要女人跟男人在一起，才能生出小孩？」我們生物學家也會這麼問。因為，有很多生物不需要其他個體就可以自行繁殖，例如細菌或酵母菌。

　　你有沒有看過麵團發酵的速度？一小塊的麵包酵母，再加上一些麵粉、牛奶以及糖一起攪拌，之後靜置在溫暖的狀態下。十一分鐘後酵母菌細胞開始分裂為兩個細胞，二十分鐘之後分裂為四個，如果你不小心將麵團放置超過三小時，每個酵母菌細胞將分裂成超過八萬四千個細胞。只要麵粉與糖足夠，這種分裂繁殖將會一直繼續。酵母菌吸收營養並成長，然後分裂及釋放出碳酸氣在麵團中，因此麵團會逐漸膨脹。所以最好在麵團膨脹到比你大之前，趕快把它放進烤

箱。

　　植物也不一定需要另一株植物才能繁殖後代。許多植物可以用插枝的方式繁殖。例如，你可以撿起一枝剛折斷的柳樹枝，將它插在裝滿水的玻璃杯裡。過幾週之後，這支柳樹枝就會開始長芽，這就是柳樹的小孩。如果你將這個樹芽種在泥土裡，它就會長成一棵柳樹。

　　類似狀況也發生在某些動物身上。你認識透明的水母嗎？牠在海裡行動，有時會被沖到海灘上。水母的媽媽看起來跟牠們完全不一樣，而且牢牢坐在海底。小水母在媽媽的頭上成長，長大後就脫離媽媽。

　　有些蠕蟲會從本體脫離出一小截，這小截就會長成新的蠕蟲。很多人認為蚯蚓也是這樣繁殖，事實上卻不然。如果蚯蚓斷成兩截，牠就會死亡。但是如果蚯蚓的最前端或最末端斷掉了，則可以重新長出來。

　　有些蜥蜴媽媽或魚媽媽不需要和蜥蜴爸爸或魚爸爸交配就可以生小孩。蚜蟲的繁殖則更為簡單，「處女」蚜蟲就可以生小蚜蟲。你注意看看，蚜蟲不需要雌雄在一起就可以繁殖。牠們這樣省事不少，因為要尋找一個伴侶實在不容易。

　　許多動物經常必須走很遠的路，以便遇見合適的「夢中情人」。如果，牠歷經艱辛地碰到了一位「異

性」，首先牠會試探一下，是否真的是適合的伴侶。不過，通常都不是。當一隻小老鼠先生遇到一隻小老鼠小姐，並不代表牠就能夠立刻娶她當「老婆」。因為，最後可能會出現一隻比牠更強壯、更英俊的老鼠先生向牠單挑，或是比牠「近水樓台先得月」了呢！

植物不能移動，不能自由自在去找尋伴侶。所以植物要生育後代就更複雜了，牠必須用色彩繽紛的花朵吸引蜜蜂和蝴蝶靠近。一旦蜜蜂或蝴蝶停留在花朵上時，牠們的腳步就會沾上一點花粉。等這些蜜蜂或蝴蝶再飛到另一朵花上時，就會把剛剛沾上的花粉傳給這朵花，然後又沾上新的花粉，如此不斷繼續下去。這些花朵必須透過這種迂迴複雜的方式，依靠其他飛翔動物的授粉，授粉成功之後才會結出果實，然後再從果實生出種子。而等種子發芽後，終於才能長出新的後代。實在很不簡單吧！

不能長得一模一樣

對於其他的生物來說，要將自己的孩子帶到世界上，就沒有那麼艱難。不過，還是有一點小麻煩。因為在自然界中如果沒有父親的「貢獻」，那麼所有從同一個母親肚子裡出生的孩子，都會像雙胞胎長得一

模一樣。這當然有點無聊囉！如果所有的小孩都跟他的兄弟姊妹長得一樣，這也非常危險。因為，他們外表完全相同，身體也會同樣敏感，例如對風及天氣敏感，或對異物及疾病敏感。

想像一下，所有從同一個蚜蟲媽媽出生，但沒有蚜蟲爸爸的蚜蟲寶寶，都只會舔食玫瑰花瓣的汁液，其他的食物都不吃。那麼，牠們就只能在花園中生存，而且只能待在玫瑰花很多的花園裡。如果有一天園丁突然決定，鏟除所有被蚜蟲吃掉的玫瑰花，改種蕃茄，那麼這些蚜蟲寶寶就會全部餓死，而且是一隻不留！

如果其中有一些蚜蟲寶寶，除了玫瑰花汁液以外，還能以蕃茄、藍莓或咬人貓的汁液維生，那麼，這個蚜蟲家族至少還能保留一些後代。所以，讓每個孩子擁有相異之處，是這麼地重要，而且不只對蚜蟲重要，對所有的生物，包括人類，都一樣重要。

這就像在城市中，所有居民都不想讓小偷光顧自己的家，但是如果每一戶居民都使用相同的門鎖，那麼小偷便可以複製一副鑰匙，輕而易舉地到每一家偷竊。最好的防備方法應該是，每一戶家庭都用不同的門鎖，而且最好定期更換。

你得過水痘、麻疹、腮腺炎或風疹嗎？有些孩子比其他兄弟姊妹還容易被這些疾病傳染，而有些孩子

會嚴重發燒，有些則不會。這是因為每個人的免疫系統都不一樣。我們科學家稱這些免疫系統是身體裡的自動保護設備，會抵禦所有的疾病，功能就像是大都市裡的警察。如果你的免疫系統無法獨自抵抗咳嗽和發燒，那麼你就必須服用咳嗽藥水或其他藥物，讓自己早日恢復健康。

　　不過，對於某些嚴重的疾病來說，直到目前為止研究人員仍然束手無策，沒有有效的藥物可以治癒，例如癌症或愛滋病（AIDS）。即使如此，有些人罹患這些疾病時的痛苦卻比別人輕，有些人甚至可以自己痊癒。

　　直到今天，還沒有人知道為什麼會這樣。也許是因為這些人的免疫系統跟別人不一樣，或是他身體的某部分構造跟別人不同。不過，無庸置疑的是：人與人之間不同的程度愈大，就愈容易在危險時找到出路，不論在哪一方面都是如此。

　　我再舉一個例子。當你的祖父母都還在上學的那個古老年代，有許多兒童疾病，例如白喉和猩紅熱，都是致命的疾病。因為當時還沒有這類疾病的預防注射或藥物，幫助我們對抗這種疾病。很多得到猩紅熱的孩子都會死亡，但有些孩子即使被傳染，仍然可以戰勝病魔而存下來。

基因的特殊任務

到底由誰來決定每個人之間都有一點不同呢？答案是我們的父母。藉由「基因」，他們將自己一部分的特質遺傳給他們的孩子。基因決定了我們的外表、感覺、成長過程及死亡。每一個基因都有一個特殊任務，有的讓我們有堅硬的骨骼，有的則決定我們眼睛究竟是棕色或藍色，而另外的基因則負責讓你能夠好好消化魚肉或軟糖。

每個孩子所擁有的每種基因都有一對，其中一個來自父親（透過精子細胞），另一個則來自母親（透過卵子細胞）。而你父母的每種基因也有兩個，其中一個來自你的祖母，另一個來自你的祖父。至於，你是把來自父親的基因或來自母親的基因遺傳給你的子女，這個過程完全是隨機進行的。因此，除了同卵雙胞胎以外，沒有任何一個孩子擁有與其他孩子完全相同的特質組合。

你不相信嗎？想像一下，基因就像彩色的巧克力豆，你媽媽有一百顆，五十顆是黃色的，另外五十顆是紅色的。再繼續想像一下，媽媽只准許你拿五十顆，不過你必須閉上眼睛拿。你將會拿到哪些巧克力豆？五十顆黃色的？或五十顆紅色的？三十顆黃色的及

二十顆紅色的？或者只有一顆黃色的，其餘四十九顆都是紅色的？

好啦！你已經知道了，你根本無法自己決定，想要拿多少顆紅色或黃色的巧克力豆，這完全是隨機決定。你可以連續玩許多次這個遊戲，每次都會拿到數目不一樣的紅色與黃色巧克力豆。

當你的母親將她的基因遺傳給你的時候，也是類似的情形。只是你不僅僅得到五十個基因，而是大約三萬多個基因！因為所有小孩都是以同樣的方式來到世上，所以沒有兩個小孩的頭髮會得到與父親一模一樣的遺傳特徵。

一個小嬰孩將成為男孩或女孩也是由基因決定，更精確地說，是由一組基因決定，這組基因會繼續遺傳下去，稱為 Y 染色體。只有男孩有這個 Y 染色體，女孩則沒有。因為只有男孩與男人有這個染色體，所以只有他們才能將這個染色體遺傳給他們的小孩。儘管如此，所有的男性精子細胞只有一半擁有 Y 染色體，另一半則沒有。這些爸爸的精子細胞在受孕時與媽媽的卵細胞結合了，這個受精卵有或沒有 Y 染色體依舊是隨機決定的，就好像你必須閉上眼睛拿黃色或紅色的巧克力豆。

所以爸爸及媽媽都無法決定，要生男孩或生女孩，

或者他們的小孩會有什麼樣的特徵。不過有一點是確定的，男人和女人的基因結合促成了人群的多樣化。同時存在不同性別的人，世界變得更有趣了。

有時候，男孩認為：「女孩都是笨蛋，她們只會咯咯地笑，一點用也沒有。」女孩則說：「男孩都是無賴加蠢蛋，他們根本無法理性地談話，只對汽車及足球有興趣。」不過並非所有男孩都是汽車迷或喜歡打架，女孩也不全是嘻笑瞎扯，她們可能十分美麗風趣、機智俏麗，是真正符合完美的戀愛對象。

也許你已經知道這樣的感覺……

如果你發現有個超棒的女孩（或男孩），你想要認識她（他），跟她（他）在一起，但是不敢確定是否應該表達愛意。當你想表白時，卻沒有得到任何反應怎麼辦？這還真刺激啊！不過，如果你們其中一人敢先表達，那麼就有可能激盪出愛情的火花。相信我，大人也是這樣。沒有這種情感，沒有愛，那麼生命的美就只剩下一半，這就是我想告訴你的第三個「為什麼有男孩和女孩？」的浪漫原因。

（記錄：Monika Offenberger）

▌克里斯汀‧紐斯蘭渥荷德（Christiane Nusslein-Volhard）

1995 年諾貝爾生理醫學獎得主，1942 年 10 月 20
日生。因為發現控制胚胎最早發育的原因，而與
艾瑞克‧魏區豪斯及愛德華‧路易士共同獲獎。
她目前於德國圖賓根的馬克斯—普朗克研究中心
從事發展生物學的研究。

為什麼印地安人不怕痛？

1999 年諾貝爾生理醫學獎得主　根特・布洛柏爾

　　不久前，我曾在紐約市中心看見一個印地安人。他在紅燈前停下來，有著黑色泛藍的長髮、棕色的皮膚和一個大大的鼻子。在這些高樓大廈之間，他顯得那麼不協調，很像冒險故事裡的人物。

　　你一定也很喜歡讀美洲早期的掠奪故事，那是偉大的水牛英雄橫跨大草原及白人蠻橫的隊伍在獵尋黃金和毛皮的時代。這些白人很怕印地安人，因為印地安人都是勇敢的戰士，守衛著他們的土地。

　　有時候印地安人的部族之間也會彼此爭戰。他們會將俘虜綁上審問台，然後用刀子、箭頭和火施以刑罰。然而，驕傲的阿帕契族和蘇族勇士絕對不讓對手痛快，因此從不讓敵人察覺到他們受刑的痛苦。所以，當你因為一個小傷口而躲到爸爸懷裡嚎啕大哭時，也許你的爸爸就曾經開玩笑地說：「印地安人不怕痛的！」

　　可惜，這不對！印地安人和你我一樣會感覺到疼

痛，即使他們長的跟白種美國人或非洲人不同。他們只是學習如何壓抑自己的疼痛而已，就像坐在針床上的印度苦行僧一樣。

生命的構造藍圖

你不要被人們的外表所欺騙了，雖然人類的外表各有不同，但基本上每個人種都非常相像。在黑皮膚或金頭髮的外觀之下，其實隱藏著相同的構造「藍圖」，例如向後傾斜的眼睛外框以及高高的臉頰骨。這個構造藍圖在好幾百萬年前，大自然就幫我們設計好了。當時人類甚至還未出現。

這個構造藍圖也包括了每個人都會有的「痛覺」，不只是人類會感到疼痛，動物也會痛。現在也許你已經恍然大悟：「印地安人不怕痛」這個古老諺語是錯誤的。但是，你可能還不知道，為什麼我們人類都長得那麼相似，都擁有對疼痛的感知？

你想像一下，我們的身體是由許多小小的基本物質所構成，我們稱之為細胞。每一個細胞裡面都有許多非常微小的機器，可以完成許多不同的任務：它們處理各種營養成分、生產能量以供應肌肉所需精力，來來回回傳遞身體內的訊息，或者將細胞中的廢物清

除乾淨。這些「小機器」不只存在於人類的細胞中，也存在其他動物、植物或細菌的細胞裡。

你現在可能才十歲或十二歲吧？不過，事實上——運用一下想像力——你已經活了三十五億年了！三十五億年前，也就是第一個細胞生命開始的時候。這個細胞不停地分裂再分裂，直到所有新生的細胞重新組合起來，並且開始分工合作，然後就產生了第一個簡單的生命體，例如海綿動物，一個在海中游泳的多細胞體。從這個多細胞體開始發展出其他更複雜的生物：植物、動物，當然還包括人類。

你就是從兩個微小的細胞產生的：一個卵細胞來自你的母親，一個精子細胞來自你的父親。兩個細胞分別帶著半套結構藍圖，等到這兩個細胞結合之後，藍圖就會合併在一起。這就是你身體中的原始細胞。然後這個原始細胞開始分裂，當這個細胞分裂得愈頻繁，你的身體也就變得愈大，一開始是在媽媽的肚子裡，之後你就必須出生囉！在這個過程當中，即使你還沒有開始真正長大，你的身體就已經有上億個細胞了。

這些細胞不只可以讓你長到一百八十公分，也組成了不同的身體器官，而這個任務只能藉著細胞來完成。以你的心臟為例，它的任務是把血液輸送到全身；

你的大腦，它可以執行複雜的計算工作；你還有皮膚、頭髮、指甲、眼睛和許多其他器官，這些器官都是由細胞所組成的。

我們將幾十億年來，自生命起源就開始進行的持續發展稱之為「演化」。「演化」的神奇就在於細胞可以自行組織，完成各種不同的任務。到底這是怎麼辦到的？雖然到目前為止科學家也沒辦法完全了解，但是已經可以逐漸掌握其蛛絲馬跡。

像是我們已經知道，每個細胞內都有一個細胞核，裡面就藏著構造藍圖。我們的構造藍圖來自父母遺傳，而父母的構造藍圖則來自祖父母，如此一直遺傳下去。這些遺傳的訊息（科學家們的稱呼）是由化學物質所構成，也就是去氧核糖核酸，不過這個名字實在太長太複雜了，不太容易念，所以你只要簡稱它為 DNA 就可以了，這也是我們醫學家對它的稱呼。DNA 的外表看起來像是兩條互相纏在一起的螺旋梯，不過，DNA 十分微小，必須透過 X 光才能看得見。

為了要形成細胞的其他部分，也就是之前所說的許多小機器，這兩條綁在一起的螺旋梯會分開，然後各條單獨的 DNA 將自行進行幾乎完全相同的複製。這裡所進行的化學流程十分複雜，你只需要知道，這個複製出來的 DNA「拷貝版」，會脫離細胞核的最內

層，並在外層執行其構造藍圖的指令：決定一個蛋白質裡到底應該有哪些及多少胺基酸。

你可以把胺基酸想像成 A、B、C 這些字母，這些字母可以組成不同的單字。如果胺基酸彼此結合起來，就會形成蛋白質，類似英文字母組成單字、句子、段落和整本書一樣。蛋白質其實就是蛋白，很像你早餐所吃的荷包蛋蛋白。蛋白質的功能就是完成細胞的各種任務。一般來說，一個細胞裡大約有十億個蛋白質。

蛋白質的化學地址

啊哈！你現在一定在想：「那肯定是一團混亂，毫無秩序吧？」那你就錯了，每一個蛋白質都清楚地知道自己的功用和任務。

就像在工廠裡一樣，每個蛋白質在細胞裡都有特定的位置。嗯，你可以想像成一間汽車工廠，大部分的蛋白質都一起合作，先製造出機器設備，然後其他的蛋白質則站在生產線上利用機器設備繼續加工，直到汽車製成為止。當然，在細胞裡面沒有真正的生產線，而是一個個「小房間」，在這些小房間裡，蛋白質一個接著一個地工作。

更重要的是，所有的機器都必須放在正確的位置

上。為了找出這些位置，我和紐約洛克斐勒大學的同事發現，每個蛋白質都有一個化學住址。這個住址黏在蛋白質的頭上，就像信封上的郵遞區號一樣，帶領蛋白質到達正確的位置，而細胞內的「小房間」只會在這些化學密碼正確的情況下打開門，其他的蛋白質則無法溜進小房間，否則就會造成大混亂。

　　這麼麻煩的過程到底是為了什麼呢？是這樣的，不只是細胞裡的機器必須一起合作，身體裡所有的細胞也都必須合作無間。只有當每個細胞都按照計畫堅守崗位，所有細胞才能組成團隊。此時，細胞自己在生產線上所製造出來的蛋白質就會幫助細胞發揮既定的功能。

　　當這些蛋白質被製造出來之後，其中某些蛋白質就會被「吐」出細胞外面。不過，這些蛋白質可不是變成無業遊民，相反地，它們主要的工作才正要開始！就像擔任傳訊兵一樣，這些離開細胞的蛋白質在身體中旅行，建立起細胞彼此之間的聯繫。如果你哪裡感覺到痛了，這時就會有一個細胞告訴另一個細胞應該如何處理。而這個重要的傳訊工作就由被吐出去的蛋白質負責囉！

　　你一定曾經在廚房裡被刀子割傷過。就在你傷口位置的皮膚上，神經細胞會傳給大腦一個訊息：「哎

嘍！」，然後腦細胞同時也下達身體許多命令：「拿
著刀子的手趕快放下刀子，另一隻流血的手，要用止
血繃帶止血。」此外，免疫細胞也開始展開工作，與
入侵者（例如髒東西）奮戰。這些任務都必須由細胞
和它們的助手——蛋白質一起完成。上述這一連串的
工作，在所有人身上都一樣，在印地安人和在你我身
上的反應沒有兩樣。

「指使」細胞工作

當我們了解細胞如何工作之後，我們就可以處理
或醫治疾病。舉例來說吧：胰島素。這是我們身體製
造出來的一種物質，用來控制血液中糖的份量。胰島
素太多或太少都會造成致命的危險。由於體內糖份過
多而生病的人，就需要人工製造的胰島素來治療。自
從我們知道細胞如何製造及釋放這種荷爾蒙後，我們
就可以在實驗室中「指使」細胞，製造胰島素。

可惜，我們對於其他疾病的了解還沒有這麼透徹。
囊性纖維病變是一種天生的遺傳疾病，這種病人的肺
部會充滿黏液，而肺部也無法自行排除乾淨。大部分
得到此病的病人年紀都不大，很多人在跟你一樣年輕
的時候就去世了。導致這種病症的原因，是一種帶著

污漬「郵遞區號」的蛋白質，這個蛋白質沒有到達應該去的地方，反而隱藏在細胞裡。

當你長大後，人類就會更了解細胞的工作，並且可能可以治癒更多疾病。也許你可以參與研究某些人特別能夠壓抑疼痛的原因。雖然，這也跟被細胞吐出去的蛋白質有關，但是，我們目前所掌握的知識還不夠多。

至少你現在已經知道，我們跟印地安人及其他種族之間的相同性比相異性還大。所有的生命都有親屬關係，你和我也是。早在中古世紀，義大利神父聖法蘭西斯就把動物稱為「蛇姊妹」或「狼兄弟」，因為牠們跟你的印地安朋友一樣，都是你的親戚。

（記錄：Petra Thorbrietz）

▎根特‧布洛柏爾（Gunter Blobel）

1999 年諾貝爾生理醫學獎得主，1936 年 5 月 21 日生。因為發現細胞合成的蛋白質本身都帶有一段化學訊號（訊號序列），負責該蛋白質再生細胞的輸送，並找到該去的目的地，因而獲得諾貝爾生理醫學獎。他目前在紐約的洛克斐勒大學從事研究工作。

為什麼會發明戲劇？

1997 年諾貝爾文學獎得主　達里歐·傅

　　還好你們不是問我：「戲劇是什麼？」我想，每個小孩都知道。戲劇就像一種每天都有不同變化的遊戲，你創造出一個人物或一個故事，並且構思、安排各個角色，然後和朋友一起表演或獨自即興演出。這就是戲劇。

　　只是在正式表演時，我們必須先寫好劇本，再把台詞完整地背起來。你懂了吧！其實戲劇表演和你們玩的遊戲非常類似。小朋友每天都在玩演戲的遊戲，而你所熟知的那些演員，其實就是把演戲當成職業的人，他們跟你們的差別僅在於，他們能夠以此賺錢喔！

　　戲劇很像一種「儀式」。為什麼我這麼說呢？我們的老祖先——住在山洞裡的山頂洞人，他們經常四處遷徙、居無定所，靠打獵維生，他們相信每種動物都有一個守護神。如果獵殺了一隻鹿、山羊或綿羊，動物的守護神就會因此降下懲罰。這時候該怎麼辦呢？他們就把獵殺山羊的過程編成一齣戲劇。打獵時戴上

山羊的面具，把動物們當成劇中的角色，只是其中一頭羊在過程中不小心被射殺了。他們相信，這樣一來山羊的保護神就會赦免他們的殺戮行為。

祈求動物守護神的赦免

舊石器時期的山頂洞人在他們的壁畫裡詳細地描述了這些經過。在法國南部一個古老山洞的石壁上，有一幅壁畫描述遠古時期的打獵經過，畫中有一群正在吃草的山羊，但你再仔細一看就會發現，其中有一個裝扮成山羊的人手裡拿著一隻長矛。他戴著一張山羊面具，穿著一件山羊毛皮，再塗上山羊的顏色，也許為了讓自己聞起來跟山羊一樣，他還抹上山羊的糞便呢！他緊緊尾隨在想要獵殺的動物後面，並模仿牠的動作，就這樣一步步地逼近牠的獵物。

何苦這麼麻煩呢？因為獵人想要欺騙這些動物，讓動物以為他是牠們的一份子，而且，獵人也想透過這些行動，祈求動物守護神的赦免，讓神允許他獵殺這些動物。這就是一種「宗教儀式」。穿上動物皮毛、戴上動物面具的宗教儀式，幾乎在世界各地都可以發現。而現代也有類似的面具、穿著和儀式，嘉年華會就是最好的例子！

　　希臘戲劇的起源也類似這樣。大概是在西元前兩千年吧！在劇中人們也都戴著動物的面具，待演出結束後大家再一起分食捉到的獵物。這類戲劇像是一種祭神的宗教慶典，希臘文稱做：「Tragos」，意思就是：「公羊」，這個字正是英文中「悲劇」（Tragedy）的字源。在這個殘忍的宗教慶典中，人們吃掉祭神的動物，並喝牠的血。由此，便產生了「代罪羔羊」的概念。也就是說，這隻動物為所有人的罪過付出了代價，而這就是希臘戲劇的起源。當然囉！除了悲劇之外，英文「喜劇」這個字也源自於希臘文化。

　　談完了戲劇發展的歷史之後，讓我們再回到戲劇本身。在我寫的一齣戲《耶穌童年的第一個神蹟》中，我告訴大家「遊戲」有多麼重要。在這齣戲中，孩童時代的耶穌跟著聖母瑪利亞及父親約瑟逃難到約帕（Jaffa），就是葡萄柚的原產地。他們在城裡到處尋找住宿的地方，最後在一間破舊的陋屋中住下來。約瑟開始去找工作，而瑪利亞則辛苦地幫人洗衣服以維持家中生計。

　　有一天，小耶穌一個人在街上晃蕩，想找其他小朋友玩。但是，當地孩子認為祂是外國人，聽不懂祂講的方言，所以就排擠祂、譏笑祂。於是，小耶穌打算顯個神蹟來吸引他們。祂創造出一個想像的遊戲，

用泥土捏成一隻小鳥，朝著這假鳥吹一口氣，牠就變成一隻活生生的小鳥了。突然間，所有的孩子都想跟牠一起玩，跟牠作朋友。

孩子一起捏黏土，做四隻腳的小鳥、一條香腸、有十二對翅膀的莽蛇、一堆糞便和一隻小貓，小耶穌讓這些東西全都飛上天！

直到市長的兒子來破壞他們的遊戲為止。這個比喻的意義很明顯：所有掌權者都不願意讓人們，特別是平凡的人們，有太多的意見及想像力。

《耶穌童年的第一個神蹟》是我從西元第二或第三世紀所留下來的手稿中，找到關於耶穌童年的古老故事。直到今天，在義大利還有一些城鎮會上演劇情類似的戲，就是所謂的：「神祕劇」（譯者註：中世紀宗教劇的一種）。其中還有一種劇情是描述耶穌直奔地獄，殺死惡魔之後，救出亞當和夏娃。

戲劇就是遊戲

我們編創出劇情，然後再將它表演出來，這到底有什麼意義？或者換一個角度來問：電視裡的節目意味著什麼？當你跟其他小朋友玩捉迷藏或警察抓小偷時，你們就會先來一段「即興演出」，不是嗎？大家

扮演不同的角色，你扮演小偷，我是偵探，而他是警察。預備，開始！小偷先假裝去偷東西，緊接著警察出現了，小偷趕快跑走，於是警察大叫：「別跑！」，奮力抓住小偷並且把他繩之以法，假裝把他綁起來。

現代的孩子比較常玩的應該是「戰爭遊戲」吧！你們彼此槍戰、空襲或投擲炸彈。你們將事實重現，把生活中的世界或想像中的世界展現出來。電視上報導戰爭，所以你們就模擬電視內容把戰爭演出來。

也許你們會玩火災遊戲，假裝有人因而喪生。我們南歐的孩子常在沙灘上玩「難民」的遊戲：模仿難民冒著被狂風巨浪吞噬的危險，坐著橡皮艇偷渡上岸，不幸的是有一些人被逮捕，也有一些人被大海淹沒。我們真的是在海水中表演這齣戲。一群小孩子扮演海防巡邏警察，另一群孩子則扮演橡皮艇和船，還有一群孩子扮演漁夫或人蛇集團的仲介，把這些遠從波西米亞、阿爾巴尼亞或摩洛哥的可憐難民帶到義大利。

總有讓孩子們演不完的主題，其中最普遍的當然就是「家庭生活」囉！小朋友們擔任不同的角色：一個當爸爸、一個當媽媽、一個當孩子。有些故事中，小孩子被父母親打罵、虐待，也就是說，小朋友把自己恐懼的事情，完全轉移到這個孩子身上，可能也會轉移到洋娃娃或寵物身上，而這隻動物就是孩子們的

「代罪羔羊」。

也許你還依稀記得那些慘痛的教訓，有時候你太頑皮就會得到一頓板子。不過，如果你乖乖聽話，也可能得到獎品！這種「家庭遊戲」是最受歡迎的孩童戲劇了。

還有一種流行的劇情——醫生遊戲。有人扮演醫生叔叔或醫生阿姨，他們到你家來看病。小朋友會用小木棒代替聽診器，扮演病人的小孩脫掉衣服，假裝被打針、止血、按摩，從肚子到屁股、甚至是靠近性器官的部位，都可能是病痛的地方，對孩子們來說，「醫生遊戲」是重要且帶來解放的遊戲。

電視節目也是遊戲題材的來源之一。如果有一個轟動一時的電視節目，例如，在義大利曾經有一齣關於希臘神話的電視連續劇，收視率極高，突然間所有的小孩子都開始玩希臘神話的故事，從大力士海格力斯、宙斯、阿波羅以及傳說中的怪物、飛馬到女戰士，希臘諸神全都變成了兒童之神了！

現在如果你再問我，是誰發明了戲劇？我的回答是：不必多費唇舌，其實你已經心知肚明，只是你們不把這些叫做「戲劇」而已！孩子們有數不完的道具，讓他們可以無中生有，把戲劇「變」出來。對孩子們來說，所有東西都可以當成道具：破布、家庭用品、

衣服、動物……等等，還有許多你想不到的東西，也
都可以拿來作為道具。

喔，對了！大自然也是小朋友的玩具。我記得小
時候，我曾經在森林裡建造一棟小屋。我們派一個小
朋友在小屋外當看守員，然後在小屋裡把從電影、書
本或漫畫裡看到的有趣故事說給大家聽，並且表演出
來。很幸運地，我就住在森林附近的湖邊，從小經常
聽大人們說很多美麗的故事及童話。

遊戲就是一齣戲，沒有遊戲就沒有戲劇。如果不
是孩子們的遊戲，根本不可能會有大人的戲劇。此外，
孩子們在看完戲劇表演之後，總會編出一籮筐出乎意
料的精彩故事。不管是觀賞布偶劇或兒童劇，還是在
馬戲團看小丑表演，故事都會從小腦袋裡源源不絕地
跑出來。

出生之神消失那天

我小時候就曾經在看完傀儡劇團表演之後，自己
動手製作傀儡布偶，然後依照節目的劇情再表演一次。
當時我十歲，我和我的兩個弟弟，一個八歲、一個五
歲，三個人一起在舊倉庫裡演出自編自導的傀儡戲，
其他孩子當然就是現成的觀眾了！雖然這只是我們的

小公演，觀眾還是必須買票進場，可不是什麼免費的廉價節目喔！我們把大人世界的戲劇表演完全弄懂了，兄弟檔的演出變得遠近馳名，許多孩子都來看，他們都覺得很開心！

我們把日常生活中所發生的事都納入「兄弟趣味布偶劇團」的表演題材。例如，當時在我們村裡有一個非常受孩子喜愛的酒鬼小偷。他行為舉止神祕兮兮的，很怕自己的「祕密」和「花招」被別人知道，所以我們都叫他「Digelno」，這是當地的方言，意思是「不要傳出去」。我們以他為故事的主角，再依照自己的想像加油添醋，編出有個強盜抓走小女孩，想要跟她結婚的故事。我們在劇中採用改編後的舊台詞，所以觀眾馬上就能有所共鳴。

我們甚至把市長都當成表演的主角了，當時我才十一、二歲！這是多麼美好的回憶！能夠在戲中扮演一些名人，不是一件很棒的事嗎？

我有時候還是會疑惑，為什麼孩子可以毫無困難地模仿大人的一舉一動，而等他們自己變成大人的時候，卻失去這種能力了呢？在成人的戲劇裡，演員必須花很多時間和精力去模仿、學習，才能再重新掌握這種表演藝術。

從我的童年時期開始，喜劇就扮演著十分重要的

角色。我們希望逗得觀眾哈哈大笑！我發現，古老的民族在很早以前就流傳著這樣的信仰：孩子剛出生的時候，在他身邊會站著一位「神靈」，然後嬰兒被哺育、成長，大人陪他遊戲。不過，大家都在等待著某個特別的日子！這一天也許在出生一個月或兩個月之後。到底這一天會發生什麼事呢？是不是小寶寶第一次對著大人露出微笑呢？不是，而是當大人跟他玩有趣的遊戲，他能完全了解並哈哈大笑時，這一天就是他的「生日」，並且得大肆慶祝！只有到了這一天，那一位「出生之神」才會消失不見。也就是說，到了這個時候，小寶寶才是一個真正的「人」！

這是什麼意思呢？人類的智慧和理解力是伴隨著笑聲成長的。

笑容是一種象徵，它賦予那些看似無意義、荒謬和想像的事物深刻的意涵！所以，歡笑的時刻，才是慶祝孩子「出生」的時刻！

（與談：Renate Chotjewitz Hafner。他曾翻譯許多達里歐‧傅的劇作，包含他與妻子合著的喜劇作品。）

▌ 達里歐・傅（Dario Fo）

1997 年諾貝爾文學獎得主，1926 年 3 月 26 日生。
得獎的原因是：他就像中古世紀的法師，打擊權
貴，鼓勵軟弱和意志消沉者的靈魂。他現在同時
是作家、導演、歌唱家、畫家、舞台設計師和喜
劇演員，住在義大利米蘭。

為什麼爸爸和媽媽必須去工作？

1994 年諾貝爾經濟學獎得主　萊因哈德・謝爾騰

為什麼爸爸和媽媽必須去工作？因為他們必須去賺錢。

為什麼我們需要錢？你每次跟著父母去買東西的時候就知道了。我們必須用錢才能「得到」我們想要或缺少的東西，這叫做：「買」。這件事連小孩子都會做。如果你在學校裡想要同學的蘋果，你得拿另一樣東西給他，也許是鉛筆或彈珠。他給你某種東西，你給他另一種東西，這叫做：「交換」。

「買」和「交換」其實是差不多的——媽媽到麵包店用三十塊「換」一條土司。你當然可以問，為什麼我們不用鉛筆或彈珠跟麵包店換土司呢？

很久以前人們就是這麼做的：漁夫拿魚跟別人交換，磨坊主人用麵粉，農夫則拿蛋或牛奶來交換。不過，現在已經很少人這樣做了。而且我們也不知道，麵包店老闆到底想不想要鉛筆或彈珠呢？如果他家裡已經有很多鉛筆或彈珠，他就不想拿麵包跟你換了！

他會告訴你媽媽：「我不要鉛筆或彈珠，請你用別的東西來換！」如果媽媽剛好沒有帶其他東西，那就沒有麵包吃了。

價格取代交換

　　由於這種交換行為實在太麻煩了，所以現在我們乾脆付錢了事。麵包店老闆在每種麵包前面掛一張牌子，寫上一個數字，這樣顧客就知道，如果想要一條土司、一個波羅麵包或一個紅豆麵包，到底應該要付多少錢。牌子上的數字就叫做「價格」。只要是可以用錢買到的東西，都有一個「價格」。有些東西很貴，例如房子或遊艇；有些東西卻很便宜，例如口香糖或鈕釦。這就表示，一艘遊艇比一顆鈕釦更有價值，對嗎？

　　接下來你一定迫不及待想問，這跟爸爸、媽媽必須去工作有什麼關係？關係可就大了，因為爸爸、媽媽會一直需要錢，這聽起來很嚇人吧！可惜，事實就是如此。物別是在月初的時候，有一大堆事物等著要錢呢：你們的房子要付房租；而爸爸的車子因為太貴了，無法一次付清，所以要付貸款或分期付款，賣車的車商讓你們按月支付一小部分車款，直到全部款項付完

為止。當你把黏答答的冰淇淋沾得車子到處都是時，這輛車基本上還是車商的，而不是你們的呢！所以，可別把別人的東西弄壞了喔！

好了，再回到令人沮喪的「月初付款」主題吧！月初時還有其他帳單要付，例如電費（否則就不能看電視、開電燈！），還有水費、電話費等等，這些都需要錢。我們必須先賺到錢，然後才能付錢（有些大人連這一點都還搞不清楚呢！），這就是爸爸和媽媽必須去工作的原因。

工作有很多種。有些人負責生產物品，我們稱之為「製造」。你家裡所有的東西都是有人製造出來的。為了製造物品就需要人力，這些人每天在工廠或工作室裡工作，生產物品賣給顧客。你可能會想：這些人不一定非得賣東西啊！東西也可以「贈送」給別人。這個想法太棒了，可惜行不通。當你在玩具店櫥窗看到一輛你很想要的木製玩具火車，你就必須付錢去買。為什麼呢？我馬上告訴你答案。

收入和支出的關係

木製玩具火車的木頭來自森林，所以必須有人先到森林裡砍樹，這個人以此賺錢，因為這是他的職業。

然後要將大樹鋸成小木塊，這也需要錢。接著還必須把這些木塊運送到製造玩具火車的工廠，所以也要付給卡車司機工資或火車運輸費用。最後，還必須支付薪水給工廠裡負責組裝、著色、包裝、配送到玩具店的員工。當玩具工廠的老闆在玩具店賣出他的玩具火車後，他就必須用這筆收入支付所有原料的成本和工人的薪資。

當然，為了付清所有的帳，玩具工廠的老闆就必須賣出許多玩具火車。等到他從玩具火車所賺的錢比所付的錢多，需要一段很長的時間，然後我們才能說：他賺錢了！

如果他在製造玩具火車時花了太多錢，而賣火車時賺的錢又太少，那麼我們就會說：他賠錢了！

所以，玩具工廠的老闆就要注意了，不可以在買木材時花太多錢，也不可能在工廠聘用太多人，否則他就必須付很多錢，如果他的玩具火車銷路不太好，那麼他的收入就會比支出的錢還少！當他賠錢的時候，他就付不出工資，甚至還必須遣散員工；可憐的工人就成了無業遊民，他們沒有收入，就無法支付房租、水電和生活費用。這時候，政府通常都會發一點救濟金給他們，免得他們挨餓受凍。

工廠老闆應該對他的員工負責。他應該努力讓更

多顧客買他的產品。如果根本沒有人想買玩具火車，他就應該停止生產，著手設計另一種更吸引兒童的玩具。這樣一來，由於玩具製造商持續為兒童設計新產品，玩具店的櫥窗就會不斷出現很棒的玩具。

此外，玩具工廠不只聘用製造玩具的工人，還必須有一些會記帳的人——會計，和一些負責向木材工廠訂貨的人——採購人員。所以，老闆必須將這些不同工作性質的員工組織起來，並且訂出下個年度的銷售目標和方法。

很早很早以前，人們大多在花園或田裡工作，這就是農業社會，農夫負責讓其他人都有飯吃。之後，工廠出現了，人們開始使用機器製造產品。因此，大多數人就不再下田工作，而是去工廠上班。

然後，有人又發明了新機器，這些機器可以取代人力來生產更多產品。從此以後，工廠就不需要再聘用這麼多工人，只要有人盯著機器正常運轉就行了。

接著，人們進了辦公室工作，「坐」辦公桌的人口愈來愈多。他們策畫廣告，讓更多人知道玩具工廠推出新的玩具火車；他們也設計新玩具，研發出成本更低的玩具，讓工廠的盈餘更多。所有人，包括你的父母，在月底的時候就會領到月薪。

用錢買不到的東西

　　薪水的高低和工作的價值相等。你在家一定曾經體驗過這一點。如果你幫忙折床單，媽媽就給你一顆糖果。而你姊姊幫鄰居割草，卻可得到一百元。原因很明顯：折床單只花了你一、兩分鐘的時間，也不太費力；你姊姊卻可能得花一個小時去割草，而且還汗流浹背。所以，她工作所賺的錢就比較多。在辦公室的情況也大同小異：某些人的工作比較輕鬆，所以他的薪水就比較少；另外一些人則必須負責監督別人的工作，他們的薪水就比較高。

　　人們工作所賺的錢，有很多名稱。工廠的工人所得到的是「工資」，而辦公室員工所領到的就是「薪水」。薪水不是以硬幣或鈔票發放，而是用轉帳支付。過程大概是這樣：你父母工作的公司在銀行有一個帳戶，公司的錢都存在這個帳戶裡。而你的父母在銀行也有帳戶，月底的時候，公司就會把薪水從公司的帳戶轉到你父母的帳戶裡。

　　現在，你的父母就有錢支付房租或其他款項了。他們也可以到銀行去提款，用來買東西。不過，現在我們經常都是在自動提款機提款，這樣比較方便，只要在機器上按幾下就可以領到錢了！

我在本文開始的時候曾經提到，凡你所看到的東西，都能用錢買到。從玩具工廠到其他工廠都是用同樣的道理在運作。

一家工廠的老闆可能是一個人，也可能是一群人，他們買了這家公司的股票，我們稱他們為「股東」。股票外表看起來是一張紙，上面印有股票的價值，就像紙鈔一樣。因此，股票又被稱為「有價證券」。你如果擁有這家公司的有價證券，你就擁有這家公司的一小部分。擁有愈多股票，你跟這家公司關係愈密切。如果這家公司賺錢了，你就有權利分紅，因為你是這家公司的一份子。

問問你的父母吧，也許他們也有股票。很多人都持有公司的股票，他們希望這些公司能夠賺錢，如此一來，他們手中的股票價格也會跟著水漲船高，也就是說，他們的股票會愈來愈貴。假設爸爸買了這家玩具公司的股票，而這家公司在一年之後賣出很多玩具火車，那麼爸爸就可以用比原來更高的價格賣出股票，他就會小賺一筆，有錢能買禮物給你。

有些人光靠買賣股票就可以賺大錢，變成億萬富翁。有錢人幾乎可以買到所有的東西，無論是一輛純金的汽車、一座美麗的城堡或是一架豪華的飛機。

不過，並不是全世界的東西都可以用錢買得到。

有些東西你用再多的錢也換不到，例如健康或長壽。
即使是最富有的人，也不能用錢讓自己活到兩百歲。
「愛」也是用錢買不到的東西，「愛」是不計代價的，
要求代價的愛就不是真愛了！

（記錄：Jan Weiler）

▌萊因哈德・謝爾騰（Erinhard Selten）

1994 年諾貝爾經濟學獎得主，1930 年 10 月 5 日
生。因為研究特殊的經濟平衡概念，而和納許
（John Nash）及哈山尼（John Harsanyi）共同獲獎。
他現在是德國波昂大學的退休教授。

為什麼孩子要上學？

1994 年諾貝爾文學獎得主　大江健三郎

　　到目前為止的人生中，我曾兩度思考過這個問題。即使痛苦，只要是重要的問題，我認為我們都應該再三仔細推敲。即使無法完全解決問題，只要有足夠的時間沉澱思考問題，日後回想起來，就知道其實很有意義。關於「為什麼孩子要上學」這個問題，我在兩次的思考機會中，很幸運地都得到滿意的答案。而且可能是我一生中處理無數問題時，所得到最好的答案了！

　　十歲那年的秋天，我第一次面對這個問題時，與其說是思索，不如說是對於「小孩到底是否需要上學」抱持著深切的懷疑。那一年夏天，我的故鄉日本在太平洋戰爭中戰敗了。當時的日本和同盟國開打：對抗美國、英國、荷蘭、中國和其他國家。而在這次戰爭中，原子彈第一次降落在人間都市。

　　慘烈的戰敗，造成日本人生活的重大轉變。在那之前，大人和小孩都不斷被灌輸至高無上的日本天皇

是「神」。直到戰爭結束後，人們才發現天皇也不過是個凡人。

為什麼不想上學

當時我相信，這個轉變是正確的。我的腦中閃過一個想法，讓所有人擁有平等權利的民主制度，要比由「神」來統治的社會更好。這也就是說，沒有人必須被迫加入軍隊，去殺害另一個國家的人民（自己也可能會被殺），這是個了不起的轉變。

然而，就在戰爭結束後一個月，我就不再去上學了。因為，那些在盛夏前還主張「天皇是神」，並且要求我們向天皇照片鞠躬的老師們，當時堅稱，美國不是人，而是魔鬼。戰後他們卻能夠面不改色地說出完全相反的話。關於之前上課內容的錯誤觀念和方法他們隻字未提，也沒有解釋是否曾經思考過這些問題。他們繼續教導我們，就好像「天皇是人」、「美國人是我們的朋友」這些想法天經地義。

當美國駐軍部隊開著吉普車，抵達我們位於河谷森林中央的小鄉村時（我在那裡出生、成長），所有的學生都站在街道兩旁，搖著手中自製的美國星條旗，大喊：「Hello！」但是我卻偷偷地溜到森林裡面

去。我站在河谷的一座小山丘上，向下眺望，看著那些吉普車和軍隊如何沿著河岸的道路駛入村中。即使我無法認出每個孩子的臉孔，我還是可以遠遠地聽見「Hello」的呼喊聲，此時，我的眼淚已奪眶而出。

隔天早晨，雖然我跟往常一樣準備去上學，但一到學校又偷偷從後門跑出去，到森林裡待到晚上才回家。我有一本很厚的植物圖鑑。我把森林裡面的樹木、花草一一對照著書本，找出它們的特徵、名字，然後再努力記下來。因為我家從事某項管理森林的工作，所以，記下森林裡所有植物的特徵和名稱，似乎對我未來的生活很有用。森林裡有很多種植物，而每一種植物都有自己的特徵和名稱，實在非常吸引我。當時在森林裡所記下的植物拉丁文學名，一直到現在我都還記得。

我不想再去上學了。我認為獨自在森林裡，有系統地用我的植物圖鑑學習植物的特性和名稱，未來就可以以此維生。此外，我知道即使我去上學，我也找不到像我一樣對植物著迷的老師或同學，我無法跟他們對話。因此，為什麼我要去上學，去學那些跟我長大之後的生活不相關的事？

在秋天裡一個下大雨的日子，我又到森林裡去了。雨愈下愈大，在森林裡到處形成前所未見的湍急水流，

道路也被污泥所覆蓋。到了晚上，我根本無法再越過河谷，我開始發燒，昏倒在一棵大檜木的旁邊。第二天，村子裡的消防隊員把我救了出來。

　　但是，回到家裡之後，我的高燒並沒有退。從鄰近城鎮到我家看病的醫生，告訴我一件令我難以置信的事。他說，沒有任何藥品或治療方法能夠幫助我，我只能自求多福了！只有我的媽媽沒有放棄任何一線生機，繼續不眠不休地照顧我。直到有一天夜裡，雖然我依舊在發著高燒，身體也很虛弱，但我終於從昏迷狀態中醒過來，就像在夢中被一股熱風包圍著，而且意識相當清楚。

　　跟一般日式房屋一樣，我躺在鋪著乾稻草的榻榻米上。媽媽坐在我的腳邊，她肯定好幾天都沒有睡過覺了，只靜靜地看護著我。我試著用自己都覺得陌生的聲音輕輕地說：「媽媽，我會死掉嗎？」媽媽說：「不會的！我一直都在祈禱，讓你不要死去。」「不過醫生說過，他已經沒辦法了，我有聽到。也許我會死掉吧？」媽媽沉默了一陣子，然後她說：「假如你真的會死掉，我會再把你生下來，所以你不必擔心。」「但是，如果我真的死掉的話，你再生出來的小孩就不是我了。」「不對，我生出來的還是同一個你。」媽媽又說：「如果我再生下一個你，我會把你所有看

過、做過、聽過、讀過的事都告訴這一個『新的你』，
然後教這一個新的你說你現在會說的話，你們兩個孩
子就會變得一模一樣哦。」

我並沒有完全了解媽媽的話，不過卻感到放心了，
可以安心入睡。從第二天起，我開始慢慢康復。到了
冬天，我才能自己到學校上學。

關於「上學」的經驗

無論是坐在教室上課、學習，或是在操場上打棒
球（這是戰後日本非常流行的運動），我常常陷入沉
思。現在在這裡的我，會不會是那個發燒病死之後，
被媽媽重新生出來的孩子？也許是因為聽過死去孩子
曾經看過、做過、聽過和學過的事，才能夠感受到那
些舊有的記憶？也許我現在就是繼承那個死去小孩的
語言才能像現在這樣思考、說話？

教室裡，甚至學校裡的孩子，是不是都是那些無
法長大而死去孩子的替身，由媽媽們告訴他們關於那
個死去孩子曾經看過、聽過、做過和學過的所有事情？
證據就是，我們都說同一種語言。我們去上學不就是
為了要學習這種語言，可以成為「我們自己」？而且
為了學會那個死去小孩的語言和經驗，我們就不只必

須學日文，我們還要學自然科學、數學以及體育。如果我只是一個人單獨在森林裡，比對森林中的樹木和植物圖鑑，我就不能代替那個死去的孩子，成為一個新的小孩。因此，我們大家都必須去上學，一起學習、一起遊戲。

也許你會覺得我現在說的故事有點不可思議。其實，我也是，在這麼長的時間之後，才想起這些經驗。在一場大病康復之後，帶著平靜的喜悅回到學校，才發現原以為已經清楚理解的事，其實自己根本沒搞懂。另一方面，我希望將這些自己從未寫過的回憶寫出來，可以讓你們這些孩子——新的孩子——輕鬆理解。

關於「上學」這個問題，我記憶中另一次完全不同的經驗，是在我成年之後。我的大兒子叫做光，他帶著異常的頭部結構來到這個世界。在他的後腦勺有一顆很大的腫瘤，所以外表看起來很像有兩顆頭，一顆大的、一顆小的。醫生試著盡量在不傷到腦部的情況下，把這個腫瘤切除，然後再把傷口縫合。

光長得很快，但是到了五歲的時候，他還不會說話。他對聲音的高低及音色特別敏感。他第一件學到的事，並不是人類的語言，而是分辨不同鳥類的叫聲。很快地，當他一聽見某種鳥類的聲音時，就能夠依照在唱片中所認識的鳥叫聲，說出那種鳥的名字。光是

這樣才開始說話的。

　　他七歲的時候開始去上學，比一般小孩晚了一年。我們送他進特殊教育班，那裡有各種身心障礙的兒童：有的孩子一直不停地尖叫，還有的孩子無法靜下來坐好，他們不斷到處亂跑，一站到桌子旁邊就拿起椅子亂扔。當我透過窗戶看著教室裡面時，看到光一直用雙手搗住耳朵，整個身體都僵立在那裡。

　　這時候我以一個大人的身分，再次想起我在孩童時代曾經想過的相同問題：「為什麼光必須去上學？」他可以正確地辨認出鳥叫聲，他也很喜歡學習爸媽教他認識小鳥的名字。如果我們回到那個小鄉村，然後在森林山丘的草地上蓋一棟房子，這不是更好嗎？我可以讀著植物圖鑑，確認樹木的名字和特徵，而光則可以盡情地聽鳥叫聲，並說出牠們的名字。我的太太就在旁邊幫我們畫素描、煮飯。難道這不可能嗎？

畢業變奏曲

　　但是，這個大人也難以回答的難題，是光自己找到了答案。就在光進入這個特殊班級不久之後，他就找到一個跟他一樣討厭吵雜噪音的朋友。從那時候起，他們總是一起坐在教室的角落，手牽手一起忍受周圍

的噪音。此外，光也會幫助這位體弱多病的朋友去上廁所。這個經驗讓他覺得，他對朋友是有用的。光在家大小事總是必須依靠父母的協助，因此，幫助朋友對他而言是一種新的幸福。很快地我們就發現，這兩位小朋友總是遠離其他同學坐在一起，並且一同聆聽收音機裡的音樂節目。

一年之後光理解到，他最熟悉的語言不再是鳥叫聲，而是人類的音樂。他甚至會帶著小紙條回家，上面抄有廣播節目中朋友喜歡的樂曲名稱，他會幫忙從我家的唱片中找出這些曲子。連老師都注意到，他們兩個平常十分沉靜的小孩，開始提起巴哈或莫札特。

光跟他的朋友一起念完特殊班級及特殊學校的課程。在日本，針對心理障礙的孩子所設立的特殊學校只有到十二年級。在畢業的那一天，老師們告訴光和他的同學們，從明天開始不必上學了。

在畢業歡送會上，已經聽我們說了好幾次「明天不必上學」的光說：「這真是太奇怪了。」而他的朋友也回答說：「對！真是太奇怪了！」他們倆的臉上都露出驚訝的微笑，不過卻十分鎮靜。

以這一段簡短的對話為基礎，我寫了一首詩給光。而先前就開始跟媽媽學習音樂的光，在能自己做曲之後，也根據這首詩，做了一首曲子送給他的朋友。從

這首曲子繼續發展出來的「畢業變奏曲」，很快地就在各個演奏會上演出，並且擁有許多喜歡它的聽眾。

現在，音樂對於光來說，是一種最重要的語言，讓他可以發掘出內心深處的感受和豐裕。藉著音樂他也可以跟別人分享，鋪設跟社會之間的關係。這顆心靈的幼苗在家中撒下，卻在學校中發芽茁壯。不只是日文，自然科學、數學以及體育都是非常重要的「語言」，藉此可以讓我們了解自己，並建立起與人溝通的管道。學習外語也是一樣的道理。

為了學習這些道理和知識，我相信，孩子必須去上學。

▌大江健三郎（Kenzaburo Oe）

1994 年諾貝爾文學獎得主，1935 年 1 月 31 日出生，目前定居在東京，並在世界各地擔任客座教授。他的作品包括：《靜靜的生活》、《換取的孩子》、《為什麼孩子要上學》、《飼育》、《個人的體驗》、《水死》、《性的人間》等。

什麼是政治？

1994年諾貝爾和平獎得主　西蒙・裴瑞茲

　　首先，讓我們換個角度來問這個問題：如果政治失靈了，會發生什麼樣的情況？

　　從人類的歷史中，我們可以看到一個清楚卻相當殘酷的答案：如果人類無法達成一致的共識，經常會造成血流成河。為了土地、金錢以及權勢，或者為了決定未來由誰當家作主，人類不僅會政治口角，而且還會拿起武器互相廝殺。

　　如果政治失靈了，甚至可以造成民族之間的衝突，因為他們在某些事情上的意見不同。例如，不同民族對於宗教信仰、價值觀或死後世界的看法不盡相同。如果沒有人居中調停的話，人類會為了他們所信仰的觀念，不惜犧牲自己及他人的生命。調停是政治最重要的任務，不允許失敗。

　　如果調停失敗了，緊接而來的衝突就攸關生死、戰爭與和平了。

政治失靈帶來災難

　　錯誤的政治決策會帶來立即的災難，所以我必須戰戰兢兢地處理政治問題。此外，由於我的國家以色列，與鄰國約旦、敘利亞、黎巴嫩、埃及以及巴勒斯坦人的關係，更明顯受到「我們如何處理政治問題以避免戰爭？」，這個問題的左右。

　　只有在最不幸的狀況下，才會走到戰爭這一步。政治應該促成人與人之間以及民族與民族之間的良好關係，彼此關係能夠良好運作的話，就可以共同解決衝突的問題。這樣說你應該了解政治為何十分重要了。

　　政治跟個人生活也息息相關。如同著名的德國學者韋伯（Max Weber）於八十年前所說的：「聰明的女人從政治中學會如何駕馭她的丈夫。」政治也像婚姻，要維持當中的完美關係實在不容易。

　　人們可以如數家珍地說出政治有多麼困難，其中最困難的就是：處理許多國家之間的政治問題，我們也可以稱之為「國際政治」。這些國家各自擁有數百萬形形色色的人民。那麼多人對事情的要求和期待自然很難達到一致。

　　政治運作總是會碰到意見分歧的情形，因為每一位政治人物都有一套治理世界的看法。他們也都是基

於這套看法而被選出來的，只是其他政治人物也都遵循各自的目標，因此政治上的衝突就不斷發生。如果政治人物來自於不同的國家，而這些國家的人民在生活與想法上都南轅北轍的話，那麼政治就會變得更加複雜。不過他們還是必須努力共同尋找一個解決辦法。

正因如此，政治經常失靈也就不足為奇。更不用提中東地區了，中東地區的情勢比起德國來說本就要複雜得多。你可能會問：「為什麼呢？」

因為在我們所居住的地區，存在著三大宗教──猶太教、基督教以及伊斯蘭教，這些宗教在政治上都扮演相當重要的角色。令人遺憾的是，這些宗教並不允許絲毫的妥協。每一種宗教都相信自己是帶給人類幸福的唯一道路。你們可能根本沒有注意到，信仰誕生的地方同時也是理智喪失之處。這對我們來說更是一個特別的問題，因為處理政治問題最需要的就是理智。

宗教對於政治的影響也有好的一面，因為如果人們相信神，神就會帶給他們一種共同向前進的力量。但是，同樣的力量卻也可能導致糟糕的後果，如果人們認為自己的上帝比一切事物都重要的話。

儘管如此，我對未來還是充滿希望。我深信將來會有那麼一天，人類不再彼此戰爭，也不再有隔閡。

我之所以會有這樣的盼望，是因為我認為政治應該如此運作，也就是說，每個人都能保有自己的特色、傳統、信仰以及生活方式，並且和平地與他人相處。

成為政治人物的條件

為了達成和平的目標，我們需要更多優秀、有良心的政治人物。

你可能會問：「什麼樣的人才是一個好的政治人物？」首先，他當然要受過教育，不過更需要一顆永無止盡的好奇心。他不一定要是專業領域裡的頂尖人物，例如司法部長不一定需要由法官擔任，教育部長也不一定是由老師來擔任才能運作順暢。更重要的是，好的政治人物必須知道如何延攬聰穎且優秀的成員到他的團隊之中。他需要訂出目標及做最後的決定，但是不必親自準備各種任務，也不需要自己執行各項決定。如果他能夠和聰明的人一起工作，由這些人提供建議，那麼他就可以成為一位好的政治人物。因為政治人物所面對的任務是相當艱鉅的。

政治人物是所有人民的服務生、律師與大使，不管是在國會、政府，或是在面對其他國家與國民的時候。我們的任務是捍衛人權以及人類的尊嚴，我們必

須記住這點。

　　我在以色列積極從事政治活動已經超過五十年。然而當我回顧過去時，卻清楚地發現過去幾年政治有相當多的改變，以往權力是掌握在政治人物的手裡，今天則是掌握在群眾自己的手裡，尤其是掌握在大眾媒體手裡：任何一個地方達成政治的協議，都必須連接到媒體傳遞給大眾知道。

　　政治人物聚集在大會議室中並不直接交談，而是透過麥克風彼此交談，所有一切都要被拍攝記錄起來。這樣一來，電視和媒體對政治的影響就更無遠弗屆了。有人說：「跟媒體比起來，我們屬於弱勢，所以需要更多的顧問與專家，以便我們在這種情況下，可以無懼地與媒體大談政治。」這樣的看法一點也不誇張。

　　政治是協調的藝術。我們必須協調世界各國間的衝突，直到公平為止。我們不希望有新的戰爭發生。人們必須接受良好教育，也必須有經驗老到的政治家，就像成功調停波希尼亞內戰的美國前駐聯合國大使霍布魯克（Richard Holbrooke），或者像美國的中東特使羅斯（Dennis Ross）長期以來為中東和平而努力奔走。這些任務的困難在於，促使可能開戰的敵對雙方坐下來談判，需要特別的耐心，以建立敵對雙方的溝通管道。我個人對於霍布魯克與羅斯相當熟悉，他們

都是非常有耐心的人。

協調的藝術

或許其他政治人物很難想像這些天生的政治協調者，有多麼了解自己的同胞且能夠設身處地為他們著想。雖然我們正在學習愈來愈多的新潮政治技巧，但是政治的影響力愈來愈低也是無法忽略的現象。

讓我們看看聯合國吧！這個組織聽起來就像把地球上所有的國民都聯合起來，聽起來相當美妙，卻不符事實。因為仔細一看，我們就可以發現最積極參與聯合國的都是貧窮的國家。那些富有的國家呢？他們寧願一起跑到別的地方會面，例如在瑞士舉行的世界經濟高峰會議。

沒有人會認為聯合國祕書長安南（Kofi Annan）是全世界的總統。如果有人這樣想的話，那麼也是把他當作貧窮世界（地球上遭受苦難的人民）的總統，絕對不是富裕世界的總統。很遺憾地，事實正是如此。

如果要說今天有誰能夠影響全世界的話，那麼一定是經濟——大財團可以決定全世界事務應該在何種架構下進行，而聯合國對此則無能為力。

不過，即使政治的影響力降低，也不意味著我們

就要完全將政治捨棄。相反地，政治必須成為貧窮國家及富裕國家之間的橋樑，政治必須關心財富的公平分配，且必須努力讓所有人類有一天能有相同機會以實現生命中的目標。

　　讓我們再一次回到嚴重的政治歧見。為了避免嚴重的流血衝突，政治人物絕不能放棄以和平解決衝突的嘗試。我要用巴勒斯坦與以色列的衝突向你們說明，這個例子是關於在一塊土地上，將兩個敵對的民族融合起來的故事。

　　猶太人與巴勒斯坦人爭奪同樣的一塊土地，這塊土地大概是台灣面積的三分之二。更糟糕的是，兩個民族分別信仰不同的上帝（猶太教與伊斯蘭教）、說不同的語言（希伯來語以及阿拉伯語）、具有不同的歷史觀。不過兩個民族都同樣地想要獲得獨立及安全。

　　那麼我在其中做了些什麼？我把這件事當作自己的任務，在這個衝突中尋找一個公平的政治解決辦法。我的想法是這樣的：巴勒斯坦人應該擁有一〇〇％的自由，猶太人也應該有一〇〇％的安全。我認為，如果沒辦法完全實現這些期望，就不會有真正的和平。

　　但是你們可能會問，為什麼以色列人與巴勒斯坦人就不能在一個國家裡共同生存？因為這樣做實在是太危險了。看一下科索沃（Kosovo）吧，阿爾巴尼亞

人以及塞爾維亞人住在同一個國家中，卻無法共同生活，他們互相攻打，想要統治或驅逐對方。

以色列人和巴勒斯坦人之間也是類似的狀況，所以到現在為止，對這兩個民族比較好的方式，就是各自居住在兩個獨立的國家，並將界線畫分清楚。

人類有權夢想

最後我想要再一次指出，政治人物之間的差異有多大。過去兩百年，有兩位重要的人物帶給人們深刻的印象：法國的拿破崙以及印度的甘地。拿破崙具有不可思議的統治天賦，他更是一位戰士，他基本上只從事殺戮。

甘地則完全相反，他向世界證明了，人們不需要暴力也可以達到偉大的政治目標。比較這兩位政治人物，我們可以看到兩種截然不同的政治風範。拿破崙帶來戰爭與暴力，甘地則是帶來和平。而誰對於歷史的影響更為深遠呢？

當然是甘地。

因為每個人都清楚，人類需要的是和平解決衝突，而不是彼此殘殺。

甘地，這位偉大的和平政治家，是我效法的對象。

如果有一天我的孫子問我：「你如何成為和平的政治人物？」我將會回答：「睜大眼睛，不要被眼前所見的不幸與痛苦所驚嚇。你們必須了解，大多數的人們過於依賴自己的記憶，他們寧願向後看而不願向前看，但是唯有關注未來，才能夠讓人們將世界變得更好。的確，你們不應該忘記過去，不過你們也應該有勇氣期待一個新的世界，一個你們最想要的世界。為了這個目標，所有的努力都是值得的。堅定地保有你們的理想，不要因為失敗、退步、絕望及恐懼而喪失勇氣。希望你們永遠像自己一樣渺小，同時也像你們所期待的那樣偉大。」

最後我想要建議我的孫子：「人類有權利夢想，夢想他們如何生活。讓你們的夢想馳騁，很快地，你們就能看見、就能感受『這是一個知道自己想要什麼的人，一個展望未來的人！』」

（記錄：Naomi Bubis）

▌西蒙・裴瑞茲（Shimon Peres）

1994 年諾貝爾和平獎得主，1923 年 8 月 15 日生。
因為促進中東和平的努力，而與拉賓（Yitzhak
Rabin）及阿拉法特（Yasser Arafat）共同獲獎。
1997 年他成立裴瑞茲和平中心，並致力於以色列
的和平工作。2001 年 3 月他被任命為以色列外交
部長及副總理。2002 年 10 月，他退位並成為國
會議員

為什麼會有戰爭？

1984 年諾貝爾和平獎得主　戴斯蒙・屠圖

　　首先，我是一個主張和平的人。也許你們可能會問，一個主張和平的人會知道什麼是引起戰爭的原因嗎？答案是肯定的，因為我相信只有當人們真正了解戰爭時，才會懂得和平的可貴。所以我準備告訴你們人性中邪惡的那部分，人性裡有一種傾向暴力的欲望，它使人們不斷彼此相互爭鬥。

　　我的父親是一名教師，而我的母親則在別人家幫傭，我的第一份工作和父親一樣，是位老師。我同時也在教會裡工作，這份信仰影響了我對和平的看法。戰爭大概是各種衝突裡發生機率最低的情形，只是從某種意義層面來說，戰爭也是顯現衝突最極端的方式。我會試著一步步回答這個問題，好讓最後的答案有完整的面貌。首先，是什麼原因造成戰爭？

恐懼和嫉妒引發戰爭

當人們對某些事情持不同意見時，他們彼此會吵架，然後雙方都會試圖向對方證明自己是對的。有時甚至會因此互相毆打對方。我想你們也許都看過這種景象，可能還親身經歷過。一旦人們開始動手，就會互相爭得你死我活，因為他們無法說服對方，沒辦法說服另一個人與自己抱持相同的觀點。

當許多人同時捲入這場爭端，並且相互對抗時，有時他們會拿石頭扔對方，有時會使用矛刺對方，有時會使用其他類型的武器傷害對方。不幸的是，生活愈先進的人，他們使用的武器就愈危險。於是槍枝彈藥取代了石塊或長矛，以便他們能從遠距離殺死他們的敵人。這種人與人之間彼此的對抗，甚至可能演變成十分糟糕的局面：人類開始使用炸彈，有從飛機向下投擲的，也有從地面向遠方目標發射的。而現在，人類甚至競相擁有核武，這是可怕而且極具破壞性的武器。開啟戰爭意味著人們無法達到共識，一個人說：「我是對的」，另一個人也說：「我才是對的」。到最後，只能靠戰爭決定勝利者是誰。

現在我們可以來看這問題的另一層面：為什麼會啟動戰爭？雖然地球上的人民就像住在一個巨大的村

莊裡，村莊就是我們生活的這個世界，但可悲的事實是，這個村裡的居民彼此畏懼對方，即便我們吃同樣的玉米片，使用一樣的電腦，看同樣的爛電影，甚至我們都同屬人類。儘管有這些相似之處，我們之間還是存在著懼怕。恐懼的原因也許是因為我們有不同的膚色，也許是因為我們說不同的語言，也許是因為我們對神的存在有不同的慶祝方式。

褚威格（Stefan Zweig）在一個故事裡，將這種恐懼描繪得淋漓盡致。故事裡，國王正在為對抗巴比倫人的戰役做準備。反對戰爭的先知耶利米（Jeremias）問國王：「你為什麼要開戰？」國王回答說：「因為巴比倫人恨我們」。於是耶利米去找士兵們，問：「你們有任何人遇過巴比倫人嗎？」士兵回答：「沒有」。

害怕是引發戰爭的原因，但除了這種人類的基本恐懼外，開啟戰爭的原因有很多種。有時候只是一個非常強大的國家想要欺負小國，就像學校下課時，操場上會有那種高大又霸道的小朋友，想要用力氣脅迫其他同學做這做那。我相信你們知道我形容的這種行為——也許你們甚至還親身經歷過，我希望你們不是橫行霸道的那個人！

無論如何，霸道的同學認為只要他喜歡，即使是別人的東西也屬於他，甚至他認為那是理所當然的。

一旦弱小的同學拒絕讓出己有，那麼霸道的一方通常會使用暴力，以便強奪他想要的東西。事情發展最後往往會有人因為輸了而掉眼淚，只是通常不會是操場上那位霸道的同學。

霸道的同學常是爭奪的勝利者，而一切爭端往往源自一個想法：「我想要你擁有的東西，而你卻不想分給我」，國與國之間的情形也常常如此。當甲國嫉妒乙國擁有的東西，例如乙國擁有石油或黃金，或其他任何國家也想擁有的資源，這時甲國就像操場上那個霸道鬼一樣，想要自己擁有那個資源。所以戰爭的起因有時候只是與別人嫉妒某個東西有關，你們懂的，如果你們有其他小孩沒有的玩具，或是你們不想和其他孩子分享玩具時，有些小孩會因為羨慕或嫉妒而想拿走它。國與國之間的情形也一樣。

有時戰爭發生的原因，是因為甲國擔心乙國的人民遭到乙國政府壓迫。於是甲國會說，為了拯救乙國人民，所以要發動戰爭。這就是美國和伊拉克之間的情形。伊拉克總統被視為肆無忌憚的獨裁者，用高壓統治國家的人民。另外有幾個國家還認為，這位總統十分血腥暴力，而且擁有非常強大又危險的武器，他可以用這些武器來傷害許多人。這些國家擔心伊拉克總統把這些武器都隱藏起來，因此他們決定一起聯合

奪取他的權力，找到這些被藏在某處的武器。這就是他們啟動戰爭的原因。

戰爭甚至可能會在一個國家內引爆。人民會因為自己屬於不同民族、不同部落而相互爭辯，吵到不可開交時，他們彼此間會想爭個你死我活：我們稱這些戰爭為內戰、部落戰爭或種族戰爭。如果仔細回顧歷史，你會發現幾乎每個國家都經歷過內戰，包括美國。

戰爭的起因也可能是有人覺得被冒犯了，例如一位國家元首覺得其他國家侮辱了他們的國家：那麼來對決吧！無論你們相信與否，有些戰爭起因於一個錯誤！你們試著想像一下，當一位擁有強權的總統想要隱瞞自己的一件醜聞，為了防止他在這個國家的權勢被波及，他會開始挑釁某個有潛在威脅的敵人。這類挑釁往往會輕易演變成戰爭，而原來的醜聞則漸漸被遺忘。人民在戰爭的過程中可能失去生命，但這位總統則藉此鞏固他的權力。

這世上有正義的戰爭嗎？

有時戰爭會發生，是因為一個國家的執政者做出不公不義的事。這種政府對待人民的方式非常糟糕，我們稱之為壓迫。在我的國家南非，白人屬於少數民

族，他們在一九四八年取得政權，長年利用權力壓迫當地大多數的黑人公民。

黑人不准就讀白人的學校，也不允許和白人居住在同地區，不能和白人在同間醫院就醫，也沒有權利投票選擇執政黨，那是白人才有的權利。這種統治方式被稱為種族隔離制度，它在南非歷時四十年之久。黑人曾試圖和平改變這個制度，但無濟於事。最後有一群黑人決定走向武裝抗爭之路，這不過是戰爭的另一種稱謂。幸運的是，在九十年代初，當雙方決定坐在談判桌上和談時，這種對峙狀態結束了，決定出對國家最好的解決方案會是：實行民主，人人享有自由。我們的國家變成一個不論膚色、人人享有自由且人格尊嚴被尊重、同時每個人都可以參與政治的國度。

我從未參加這場我們稱之為武裝抗爭的戰爭，但在種族隔離的年代，國際社會認為那些試圖改變並推翻種族隔離制度的人所引發的抗爭是合理的。世界輿論認為，這種抗爭不僅合理，甚至反對種族隔離的代表以此之名啟動戰爭。但即使在這種情況下，人們也應該不斷自問，發動正義之戰的人，他們的行動與目標是否一致。你領導了一場正義的戰爭，但這不代表你可以恣意為所欲為。你必須遵守國際社會規定，訂定戰爭協議。一群國家元首和政府首腦在第一次世界

大戰後會面，這場戰爭從一九一四年打到一九一八年，
造成數十萬人死亡。當時這些政治家為戰時政府和軍
隊制定了行為守則——「日內瓦公約」。公約裡特別
規定了戰俘的權利及可用於戰爭的武器種類，即便在
戰爭時期也嚴禁使用毒氣或化學武器，那是不可饒恕
的罪行。如果你在戰爭中使用這類武器，待戰爭結束
後，其他國家可以因此逮捕你並發送到監獄。

在討論戰爭問題時，還有另一個重要議題：人們
可以因為敵人違反人權，而進行戰爭嗎？這裡討論的
是所謂的正義戰爭，這場戰爭是合理的嗎？

正義戰爭理論有助於人們決定開戰是否合理，畢
竟戰爭總帶來不好的、錯誤的結果，但有些人認為啟
動這場戰爭並不會比不開戰更糟糕。

現代世界裡，有些國家會集結在一起，這個群體
是全世界公認有權決定是否要進行正義戰爭的組織，
我們稱它為聯合國。不過，即使是聯合國，也很難確
定使用武力是否是件合理的事，它在道德上是否站得
住腳，以及開戰是否正確等問題。於是聯合國設定了
開戰前必須滿足的一些條件，而這些條件被各國所信
服。

首要條件是該自主團體必須制定戰爭宣言。如果
甲國毫無理由地攻擊乙國，在聯合國看來，這還不足

以作為甲國開戰的理由。若光憑意見分歧或受辱，聯合國是不會接受某國家元首或政府首腦發動戰爭的意願的。

第二個條件是要通過聯合國的詢問，開戰國得要解釋：「是否使用了一切可能的和平手段來解決雙方之間存在的衝突？」如果答案是肯定的，開戰國先前已經用過所有的和平手段，試圖化解意見分歧卻無成果，那麼戰爭宣言就可能是合理的。

第三個條件是要回答戰爭成功機率有多高，符合現實的期望嗎？畢竟，開啟一場極有可能失敗的戰爭是毫無意義的。

第四個條件，開戰國必須解釋自己準備動用的戰爭資源是否與目標實力相當，不能有壓倒性的力量。例如攻擊一個小國所使用的資源，不應該像攻擊一個大國相同。

想要開啟正義戰爭的最終條件是，被攻打的國家狀況是否會因為戰爭而有所改善。答案得要是正面的，如果狀況真的會比戰前好，那麼這種戰爭才可以稱為公正。

聯合國制定這些條件的目的是為了使戰爭儘可能回歸人性面，使戰後儘快為該地區帶來和平與穩定，儘可能減低當地人民的痛苦。如果你們在電視上看過

伊拉克戰爭的報導，那麼你們記得的一定是有關當地缺乏飲用水、電力不足，以及可能會引發的疫情等新聞。所以你們現在知道，戰爭不僅僅是槍砲和炸彈，它還帶給普通百姓苦難。在戰爭時期，像是乾淨的飲用水、新鮮的食物等基本資源，或是暖氣、藥品的供給，對人民一直都是很重要的問題。

你們也得要了解戰爭中媒體的力量。在戰時，即使對於大人而言，也很難知道該相信誰。所以我建議你們，相信自己信賴的大人，讓他們引導你們，因為在戰爭時期，雙方媒體的報導都不再可信。有時候，電視台播放的內容是為了讓敵人看見，以求敵方對己方展開的軍事行動有所遲疑；有時候，電視台會播放假新聞，只為了說服自己國家的人民，相信政府在這場戰爭中的所做所為都是好的，都很勇敢。不實的資訊可能會使人非常困惑。

可悲的是，媒體將戰爭的恐怖直接展現在我們的客廳，當你們坐在電視機前吃晚飯時，就會看見發生在世界某個角落的苦難。想一想！吃東西時看著電視螢幕上有人死去，你們還會覺得食物好吃嗎？讓人們邊吃邊看著人民受傷、逃難、民舍被摧壞的慘狀好嗎？讓人們邊吃邊看著孩子無依無靠的模樣，或孩子與母親一同被殺害的慘劇好嗎？不，一點都不好，戰爭是

邪惡的。

以眼還眼，以牙還牙？

我在一開始就表明，我從事教會工作，因此我對教徒的職責是尋善譴惡。我一直將它視為自己人生的志向，截至目前我也學到了很多。然而，當我年輕時，我絕不會想到自己有一天會去懇求國際領導人停止謀殺兒童的行為。謀殺兒童？為什麼一個擁有理智的人會謀殺兒童？而且發生的次數比過往的人類歷史紀錄更頻繁？

過去十年發生的數十起戰爭中，約有兩百萬名兒童死亡。讓我們來做個比較：這個數字是美國自一七七六年起戰亡士兵總數的三倍多，這些戰爭中死亡的平民很少，更別說是孩子。然而今日戰爭受害者中卻有九成是平民。這可怕的數字背後有兩個因素：首先是戰爭的方式與以往不同，再者，國際社會的反應令人汗顏，大家對於那些未參與戰爭的無辜人民被殘殺毫無反應，這些人民幾乎都是弱勢的人，在世界權力中心卻沒有人為他們發聲。

有時我看到人們在電腦或電視上玩一些戰爭遊戲。玩的人可以代表一整個軍隊、單一士兵或是戰鬥機飛

行員，也可以選擇自己的武器，而且還有機會擊敗敵
人。遊戲伴隨著大量的爆炸，有時我還會看見許多血
腥場面，只是這些流血和煙霧永遠只存在於螢幕上，
結束遊戲後可以輕易關機。不幸的是，現實世界無法
如此運作。戰爭從來不是一個簡單的遊戲。即便今日
的高科技武器，是設計用來對準敵對目標的，有時還
是會誤殺己方的士兵、傷害無辜的人民甚至兒童，這
令人悲傷。

當我這樣說時，有些人會打斷我，並問：「你作
為一個主張和平的人，又從事宗教職務，對於『以眼
還眼，以牙還牙』有什麼看法？」這在過去曾經是教
會發動戰爭的理由。而我的回應是，許多人都誤以為
現代社會中可以用這理由支持任何形式的報復行為，
但這完全是錯誤的。當初教會會如此立論，是為了限
制報復手段。在很久很久以前，一個人會因為自己的
所作所為被報復，而且只要曾與犯錯者有關係者，都
會受到誅連。如果 A 打了別村的 B，B 的家族會抓住任
何和 A 有關的人，無論是兄弟姐妹或任何一位親戚！
後來，「以眼還眼，以牙還牙」被引為以教會之名或
是以神之名的宣戰原則。不過，這並不意味著要人「快
去報復吧！」反倒表示即使在很久以前，報復也只能
針對犯錯的當事人，不准傷害其他人。

　　印度著名的和平政治家聖雄甘地曾說過：「如果凡事我們都依以眼還眼的準則行動，那我們很快就會生活在盲人的世界裡。」

　　有些人甚至覺得戰爭是吸引人的，畢竟我們肯定想過，只要自己夠強，就可以要求別人接受自己的觀點。孩子們在學校的操場上認得這種情形，總有小孩試圖欺負其他小朋友。有時我們會想擁有侵略性，喜歡侵略的感覺，這是人性。我們可能會有企圖用暴力解決問題的念頭，覺得用暴力解決問題很棒。

　　但你知道，在南非，我們學會用更好的管道來處理我們的分歧，有更好的方式來解決衝突。我們曾經試過彼此攻擊。但最後我們看到，那會將我們帶到不歸路。因此，我們決定放棄使用武力抗爭，並且與我們的敵人在談話桌前坐下：傾聽你的敵人，找出雙方都能接受的解決方案。最後你會了解，敵人只是一個你還一無所知的朋友。

戰爭中是否有贏家？

　　我的談話即將到尾聲，我們應該自問戰爭中是否真的有贏家？其實歷史知道這個問題的答案。一場衝突的勝利者可能在剛結束戰爭時，慶祝自己的宏偉成

功。勝利者會認為自己贏了，享受勝利的滋味，但兩造總有一方受到了傷害，覺得憤怒不滿。於是有一天，這些人會去報仇。九零年代時，我們在非洲盧安達經歷過類似情形，一群人長期受到另一群人的壓迫，於是某天這群被壓迫者就群體報復，造成將近五十萬人被殺害的結果。我們在科索沃也遇到過這種情況。戰爭有時會給人一種印象，以為事情就此重新安排好了，衝突也因此完善解決。但如果人們不關心戰爭遺留下的痛苦、怨恨以及憤怒，那麼戰爭的結束無疑只是下一場戰爭的開始。如果啟動一場戰爭是為了解放一個民族，那麼對於這個民族而言，新獲得的自由，意味著他們在家裡能有足夠乾淨的水以及電力，可以住在一棟舒適的房子裡，有好的工作；他們可以送孩子上學，而醫療保健系統也完善運作。畢竟，如果人民不能過得更好，那麼再偉大的犧牲、再偉大的戰鬥，又有什麼意義呢？

你們也許想知道，為什麼我作為諾貝爾和平獎得主，卻無法阻止戰爭。那麼，我答應你們，我會持續努力。許多諾貝爾和平獎得主仍然活著，而且不斷努力，以自己的方式極盡所能地阻止戰爭發生。也許我們這群人應該試著組織起來，沒錯，我們應該組成一個團體，在人們起心動念開啟戰爭前，一起嘗試改變

他們腦袋裡的想法。

我希望你們現在對所有會構成戰爭的因素有個概念。戰爭是我們人類最糟糕的部分，但是因為我們有上帝，所以仍有希望。你們知道嗎？上帝有個夢想，是的，上帝也有夢想！在這夢想世界裡，獅子會靜坐在綿羊旁邊。在這夢想世界裡，我們的劍會被鑄成修籬笆的剪刀，而長矛被鑄成犁頭。我們將戰爭上使用的武器用來犁田、收割和種植作物，這就是上帝的夢想。而因為上帝是上帝，這個夢想終將成真。

（翻譯：George Diez）

▌ 戴斯蒙‧屠圖（Desmond Mpilo Tutu）大主教

生於 1931 年 10 月 7 日。致力廢除南非的種族隔離政策，而獲得 1984 年諾貝爾和平獎。他目前已退休，定居開普敦，常受政府邀請代表國家出席國內以及國際會議。

什麼是愛？

1989 年諾貝爾和平獎得主　達賴喇嘛十四世

生命究竟是什麼？兩千多年前，有一位和尚——佛陀，給我們一個簡單的答案：讓所有人都幸福。然而，什麼才是幸福呢？

許多人相信，如果他們有錢又有名，或最好又有權力的話，那麼他們就擁有幸福了。但是他們也經常覺得，即使很富有或生活奢華，卻依然感到生命毫無意義且空虛如昔。佛陀對於幸福的看法是那麼不可思議地簡單：試著成為一個好人。由於這種看法真的是「說的比做的容易」，使得佛陀看似一位暗藏技巧的優秀教練一樣，令人無法捉摸。

一切事物都要從腦袋開始。人們必須改變自己的看法以及思想方式，行善且不作惡。我們並不是生來就要傷害別人，如果我們對每個人都用愛心與善意相待，我們的生命才會有意義。這就是我的哲學基礎。對於所有人來說，愛就是解答。

什麼是真正的愛

　　什麼是愛呢？每天，我們都會聽到超過一千次「愛」這個字。早上耳機裡會傳來訴說「我愛你」的清柔歌聲；中午時，你或許心裡會撲通撲通跳地向一位年輕的男生或女生說出這個字，因為你戀愛了。晚上，你的母親會在你耳邊說這個字，並且給你一個晚安吻。當然你也聽過，你的父親說他如何愛他的車子或者他所蒐集的錄影帶。

　　不過，這和我們所談的是同樣的愛嗎？我認為不是。許多人把愛和滿足感，或其他短暫的感覺搞混了，「滿足」是種被某人或某物吸引的感覺。這種形式的愛就像天氣一樣，不穩定且變化無常。

　　人們之所以愛某個人，或許是因為他有美麗的眼睛、因為他說出睿智的話，或者因為其他千萬個令人產生幻想的原因。一旦失去了這些美好的條件，你就會發現這些愛只是一種夢想罷了。這跟你喜歡一個玩具或一件衣服的感覺很類似。例如，當你走進一家商店時，突然看到一件很喜歡的東西。你對自己說：「我一定要這個！」在這個時刻，你開始把這個東西從普通變成特別。所以你買了這個東西，並且確定擁有了它，此時它看起來更加漂亮。但是，這個東西還是同

樣的東西，商店裡還有許多件相同的商品，不過，你開始愛上放在你購物袋裡的這件東西，因為它只屬於你。在這種情況下，愛只是一種「擁有」。

大部分的人都夢想羅曼蒂克的愛，就像好萊塢電影般浪漫唯美。在電影中，兩個人相遇了，一時天雷勾動地火，立刻墜入盲目的愛情裡，瘋狂享受幸福的時刻。只可惜經驗顯示，這種方式的愛情或婚姻通常很短暫。一段激情的關係就好像建造在冰上的房屋，一旦冰融化了，這棟房子也垮了。這種愛很快就會變得沉悶無聊，最糟糕的是，可能會以怨恨結束。很遺憾地，這種情況經常發生在曾經相愛的人們身上。當然這也不是正確的、真正的愛。

一對戀愛中的伴侶曾經問過我：「我們可以期待對方回報我們的愛嗎？」我的回答是：「不可以！」因為這樣很像一種交換的行為：如果你愛我的話，我也愛你。這是錯誤的心態。就我的看法而言，真正的愛不是這樣。真正的愛是完全不嫉妒、無任何條件、沒有任何偏見。這種愛有點像耶穌所說的「博愛」。

每個人都蘊藏著愛的種子，這個種子住在我們的心裡，有一天人們會使它發芽且像花朵般綻放。這就是我們和尚的工作，用積極正面的方式使種子生長。容忍與尊重是使愛成長的環境，當然也必須杜絕壞事

的發生，例如殺人、偷竊和欺騙。我們不需要變成聖人就可以友善熱心地對待別人。我所說的愛，適用於對待地球上的所有生命，因此我會捫心自問：「對母親的愛和對螞蟻的愛是否有所不同呢？」，答案是：「沒有！」

愛你的仇敵

「你要愛你的仇敵」，這句話或許聽起來相當不可思議，但是人們學習去愛自己的仇敵是相當重要的。通常你會將令你緊張且讓你寢食難安的人視為敵人。這是錯的！無論如何，他也是一個人。如果我們愛人類的話，怎麼會將仇敵排除在外呢？我們必須主動向他們伸出雙手。

不過我承認，愛自己的仇敵是相當困難的事，但是我可以舉一個例子。在一九五一年的時候，當時我十五歲，中國的軍隊進駐到西藏的首都拉薩。作為一位西藏宗教與世俗的最高領袖，我必須尋求一個和平解決衝突的辦法。很可惜最後失敗了，毛澤東的共產黨軍隊在一九五九年屠殺我數千名的同胞，並且佔領了整個西藏。於是我越過喜馬拉雅山，逃到了鄰國印度，從那時候開始了我的流亡生涯。

　　西藏人因為遭受到這些難以言喻的痛苦，有成千上萬個理由怨恨中國人對我的人民所做的一切。但是這種怨恨情緒的形成，完全操之在我怎麼想。我們嘗試從中國人的角度設身處地。一個敵人同樣也是人，不管他做了什麼，作為一個人，他還是值得我們尊重與愛。不過，即便如此，我們都應該譴責殺戮的行為。如果必要，我們也必須設法避免受到他們的傷害。

　　人們如何學習愛呢？你現在一定很想要知道。但是，這並沒有一定的步驟或規則。對我來說，學習愛就好像烹飪的藝術，每一道菜都需要不同的料理方式，並且要求極為敏銳的感知。烹飪一道菜時，首先可能需要把蔬菜燙熟，之後再炒，最後加入調味料。下一次烹調時，可能一開始就得加入一大匙鹽巴。為了完成一道美味的菜餚，人們必須一直考慮不同的烹調方式。與人相處也是一樣。

培養同情心

　　因此，我也不能這樣說：「嘿！大家立刻彼此相愛吧！」對我來說，最可行的方式是：努力去感受並了解，其他人是怎麼思考的，是怎麼感到快樂或痛苦的。所以我們和尚每天都要做一樣的練習，以便發展

與加強我們的同理心。

我們設想一種情境，感受一種充滿痛苦的情形。想像一隻即將要被屠宰的羊，我們試著感受那隻羊被屠宰時的痛苦，以及被屠宰前的懼怕、疼痛、流血。或者我們也可以試著想像如果我們喜愛的人被傷害了，然後自問該如何反應。這種方式可以使我們學習如何去感同身受，可以更了解他人的經驗，並且激發同情心和同理心。

如果人們想要學習如何愛人的話，培養為他人設身處地著想的能力是相當有用的。不過這種技巧也需要許多勇氣。這種設身處地著想的勇氣，就好像你親自去感受，別人的皮膚被刺上一刀的感覺。這對處理激烈的衝突，有很大的幫助。藉此，人們才能夠更了解陌生的感覺，並且學習尊重他人。如果我們真心希望他人不要受到痛苦，而且不再有攻擊與怨恨的事情發生，那麼讓愛存在我們心中，將是一件很好的事情。西藏語的同情心叫做「Tse-wa」，也可以翻譯為尊重與責任。這個字的另外一個意思是：渴望自我一切都好。什麼意思呢？一開始，人們會先希望自己無憂無慮、事事順心。接著，這種感覺將會逐漸增長，一旦這種感覺夠強烈的話，就可以蔓延到自己的心靈之外，最後則擴及其他人。

你看，這種形式的愛並不是建立在人們是否喜歡某個人的前提上，因為所有的生命都希望生而幸福，就像你我一樣有實現幸福的權利。當我與人相處時，我一直以這樣的感覺親近對方。因為我知道，我們之間有許多共同之處，我們都有身體、靈魂及感情；我們都是從媽媽的肚子出生到這個世上，有一天我們也都要離開這個世界。每個人都希望自己幸福，而不是命運坎坷。不管任何膚色、宗教或體型，這些特質都是一樣的。我從這個觀點來觀察每一個人，我能夠感受到，我遇見的人就如同我自己。

（記錄：陳玉慧、柯內李歐斯〔Michael Cornelius〕在 2000 年 7 月 28 日於達然薩拉〔Dharamsala〕訪談達賴喇嘛）

▌達賴喇嘛十四世（The 14th Dalai Lama）

1989 年諾貝爾和平獎得主，1935 年 7 月 6 日生。以對西藏人權的貢獻，獲得諾貝爾和平獎。他是西藏宗教與人民的精神領袖，被視為佛陀的轉世。自 1959 年起，在印度展開他的流亡生涯。

為什麼要有科學家？

1986年諾貝爾化學獎得主　約翰・波拉尼

　　我幾乎已經不太記得，為什麼我從小就很想成為科學家。也許是因為我很喜歡問問題吧！

　　每個小孩一天都會問上百次：「為什麼？」人類和動物一樣生來就有好奇心，嬰兒會對周遭事物好奇，小貓和小狗也會好奇。看到一個包得緊緊的紙盒或石頭，我們都會想打開盒子或拿起石頭一探究竟。如果聽到開門的聲音，我們馬上就會不由自主地猜猜看：是誰在門口？是媽媽？還是弟弟？

　　對於令人好奇的現象，每個人都會希望聽到清楚的解釋。我們科學家不把這個叫做「解釋」，而稱做「理論」。

科學家喜歡研究自己和別人

　　但是，為什麼我們會這樣呢？我們為什麼會一直想知道事情的原因？為什麼我們對任何事都需要一個

理論？希臘哲人蘇格拉底是科學家的模範，早在三千年前他就在處理這個問題了：為什麼他要成為一位哲學家？他就是想要「研究自己和別人」，否則他的生命就沒有意義。一開始，現實世界裡的所有事物，對我們來說都是各種雜亂無章的現象，例如：太陽光、熱氣、風吹動樹葉的沙沙聲。只要我們生活在這個世界，就想用故事，把這些看起來毫不相關的圖像和感受有系統地組織起來。研究自然科學的科學家所講的故事，只是這諸多故事中的一種，其他還有童話、戲劇、小說或詩詞。

自然科學所研究的故事，就是關於事物之間令人驚嘆的關聯性。像是如果沒有溫暖的太陽照射，就不可能有涼爽的春風吹拂；以及如果沒有太陽和風，那麼樹木和綠葉就無法生長等等。

和其他有趣的故事一樣，太陽、風和樹木之間也有完整的連結性，那就是「循環」。

嗯，你知道，人類和動物——包括你跟我——我們都要吸入從植物釋放出來的氧氣。然後，我們會排出不需要的二氧化碳，而植物卻需要這些「廢氣」。植物供應我們營養，我們也供應植物養分，大自然設計了這個完美的循環，只要人類不太過於干預，這樣的循環就會永遠持續下去。

　　你可以想像一下：如果我們把全世界的森林都砍光了，這樣一來，不只是地球上沒有樹木，同時所有的生物都會缺乏氧氣。如果我們恣意破壞自然的平衡，那麼我們跟植物就會兩敗俱傷。

　　每天愉快地說故事，並找出日常生活中事物之間的的關聯，這就是科學家所做的事嗎？基本上是的。不過除此之外，我們的工作還有其他的重點，一些讓我十分著迷的「任務」。

　　為什麼我的工作會讓我覺得這麼有趣呢？科學研究好像有一種神奇的魔力，可以鼓勵科學家勇往直前，不斷嘗試奇妙的新事物。這不是說科學家們會魔法，其實我們的能力也是有限的。

　　談到這裡，讓我想起一封信，是一個瑞典的學生團體在我得到諾貝爾化學獎後寫給我的，信上說：「親愛的教授，恭喜您獲得這個大獎。我們是一群喜愛化學課的學生，我們在此有一個請求：您能不能到我們這裡來，炸掉這所討厭的學校！」

科學家的角色像魔術師

　　對這些學生來說，我就是魔術師，能夠幫他們炸掉學校，消滅無聊的課業。不過，當我在談科學的魔

力時，我指的是另一個意思：數字的魔力。科學家成天都在和數字或計算有關的工作打交道。如果你請一位科學家描述一個人，他一定不會說那個人有多漂亮、有多誠懇，他也許會說那個人有一百五十公分，或四十五公斤。

或許你已經知道了，為什麼瑞典的孩子一定要我炸掉他們的學校：因為科學描述事物的方式實在太無聊了！但是，這種方式還是有它的優點──它能夠說一些別人沒辦法說的故事。

例如有一種方法，我們稱之為「算術」，運用這個方法我們雖然無法一一說出你們班上同學的長相，但是卻可以算出你們的平均身高和體重。

你看吧！「數字」雖然一方面有許多限制，例如用再多的數字我也沒辦法描述出你那爽朗的笑聲；但另一方面數字卻可以幫助我們把看法進一步「精確化」。我們科學家不會說：「我爸爸的腳非常大」，而會說：「我爸爸穿五十二號鞋。」

讓我們再以愛因斯坦為例。如果愛因斯坦只說，有一種我們叫做「質量」（也就是某件東西有多重）的東西，和另一種我們叫做「能量」的東西有關。你聽起來也許會覺得很親切，但是，沒有人能夠真正了解這些描述的實際意義。

　　還好愛因斯坦已經先幫我們算出來了，然後再用一般人易懂的語言表達出來：一個微小的「質量」，可以製造出一個極大的「能量」。你聽說過有名的「相對論」嗎？上面這一段話就是「相對論」。愛因斯坦的理論相當精確，所以在很短的時間內，許多科學家就可以利用他的計算繼續工作，並找出方法來證明。這個理論改變了我們的世界！

　　相對論是第一個教我們把東西炸掉的「新方法」，科學家藉此發明了原子彈。我們稱它做「原子彈」是因為它把原子核的質量轉變成能量，然後應用在武器上。科學研究也可能造成如此巨大的惡果——稍後我會再談到這一點。

　　利用相同的方式，也可讓我們可以從鈾原子裡得到大量的電力。這減輕了我們日常生活中一部分的壓力。不過，又引發了另一種危險：核能發電廠有可能會爆炸，就像車諾比事件一樣。

　　然而，透過科學家的研究，不久之後，我們可能就可以從幾滴水滴中取得大量的電能，而且危險性極低。科學家還在努力，試圖發展出促進這類反應的機器，也就是一種合成反應爐，研究成功應該只是時間的問題。

　　當我們提到科學的危險性時，也必須同時考慮到

如何避免這些危險的發生，並且確定我們的工作不會帶來更糟糕的後果。我說過，有些人還是認為科學家是魔術師。你應該可以想像，科學家其實就像是童話中，一個無法使自己施展的魔法停止的魔術師。

科學會告訴我們一些關於「自然」的事：為什麼月亮有時是圓的，有時是上弦月，有時則是下弦月？為什麼住在地球下方的澳洲人不會掉下去？為什麼沒有人能長到十公尺高？

這些問題的答案通常十分模稜兩可，使你忍不住繼續向科學家提出更進一步的問題，一直追問下去。

當我們在談「控制科學研究」時，並不是說要停止科學研究，而是說我們應該如何處理得到的新知識。愛因斯坦發現質量轉變能量的知識，我們應該用來製造原子彈殺人，還是應該用來減輕人類生活的負擔？這個決定權不能只操控在科學家手裡，而是應該由整個社會、政治人物、選民，也就是所有的人來掌握；當然，孩子們除外，因為在他們可以決定該如何改變世界之前，必須先學習世界運作的方式。

科學家可以幫助孩子和大人認識並改善世界。

你就是下一個科學家

幾百年來，科學家們總是比較重視發現真理，而不是誰發現了真理。但是，這並不代表科學家們不會彼此爭論，他們爭論起來才瘋狂呢！每個科學家都想要成為下一位諾貝爾獎得主。不過，遇到愈有趣的研究主題，就愈沒有人會想把知識藏在自己的抽屜裡：每個人互相討論、互相支持，無論他們來自哪一個國家，或信仰哪一個上帝。國際團體的研究人員間相互往來實在很棒，我也很榮幸能夠成為其中的一份子。

不過，為了參加這些國際團體，我也必須付出心力，貢獻我的研究成果。儘管我在工作的時候，看起來就像在玩。

例如，我手上最新的一個「玩具」是一種可以用來「刺激」分子的儀器。我把一條雷射光束射進一個分子結構裡，也就是一群原子組成的緊密結構，然後再看看它們的反應：原子一個接著一個地從結構群中消失，然後又再組合成新的分子。

愚蠢的是，這個「玩具」費了我許多心力，因為，大部分時間它都無法正常運作！真是令人生氣。如果我想繼續當一位科學家，就必須一直有新的發現——而我這輩子是當定科學家了！

你可以想像一下，當這台笨儀器終於可以正常運作時，我有多麼興奮，而我和我的學生們也終於看見了其他人所看不見的景象。在那一剎那，我們完全可以體會大探險家哥倫布，在茫茫大海中歷經幾個月的艱苦航行，看見陸地時的強烈喜悅與輕鬆感；就在幾乎要放棄所有希望的時刻，他發現了新大陸。當我們利用那個儀器把分子拆開，然後又重新組合時，我們的感受跟哥倫布發現新大陸時完全一樣。

也許你現在最想問的是，到底要怎樣才能成為一位科學研究人員。最重要的是：你必須很堅強！成為科學家的人各自擁有不同的才華，但是有一點是相同的：他們都是以極大的熱情並全力以赴地從事研究工作。

如果你怕這些科學家們因為過度的熱情，而在未來幾年就把所有可以研究的東西都研究光，往後沒有什麼可以再研究了，那你大可以放心：我們現在所知道的事情，只是自然界所有真理的一小部分。對於人類、動物和植物的細胞核，原子的內部以及宇宙周圍，都還有無限的知識世界等著你去發現。也許你就是下一位科學家呢！

▌ 約翰・波拉尼（John C. Polanyi）

1986 年諾貝爾化學獎得主，1929 年 1 月 26 日生。
他研究化學反應的動力學，而與李遠哲、賀西巴
赫（D. R. Hershbach）共同獲獎。現任加拿大多倫
多大學講座教授。

如何成為諾貝爾獎得主？

1990年諾貝爾和平獎得主　米哈伊爾‧戈巴契夫

　　親愛的朋友，你知道是誰先想到要設立諾貝爾獎的嗎？是瑞典人諾貝爾（Alfred Bernhard Nobel），他是一位偉大的科學家，也是優秀的發明家。諾貝爾發明了人造絲以及瓦斯焊槍，不過他最著名的發明是硝化甘油炸藥。他不僅聰明靈活，也開了一間公司，專門生產這種炸藥。從那時候起，他開始向全世界販賣硝化甘油炸藥，並且變得非常富有。

　　臨死前，諾貝爾在遺囑中決定，死後將用幾乎全部的財產成立一個基金會，每年頒發獎金給世界上五名做出偉大貢獻的人。三個獎項頒發給在物理、化學、生物或醫學領域有重大發現或發明的人；一個獎項頒發給寫出「最接近理想的完美文學作品」的人（如諾貝爾所言）；最後一個獎項則頒發給努力促進世界和平的人，例如讓彼此厭惡且瀕臨戰爭的兩個民族重獲和平。

　　很久之後，在一九六八年，瑞典國家銀行為了紀

念該銀行成立三百週年，而增加了諾貝爾經濟學獎。諾貝爾獎的頒獎單位是瑞典科學院，只有和平獎是由挪威的諾貝爾委員會所決定。

和平是最大的成就

親愛的朋友，或許你現在會想，整個諾貝爾獎相當奇特且矛盾。一個藉由販賣甘硝化油炸藥（也就是一種致命武器而致富）的人，竟然會頒發獎金給世界上使人類更聰明且更幸福的事物，像是愛因斯坦發現的「相對論」，或帕斯特納克（Boris Pasternak）所寫的《齊瓦哥醫生》。諾貝爾在當時被稱為「炸藥之王」，後來居然設立了諾貝爾和平獎，這對你來說也許充滿了矛盾。

但是，我認為這並不奇怪。諾貝爾是一個有遠見的人，他在臨死前已經從自己的錯誤中學習到，如何儘可能地減少錯誤。他晚年時才了解，人類應該選擇的命運不是戰爭而是和平。一九七五年的諾貝爾和平獎得主沙卡洛夫（Andrei Dmitrievich Sakharov）也一樣，他是一位優秀的俄國物理學家，同時也是殘酷無情的核子武器發明者之一，但是後來卻成為努力不懈且至死不渝的反核武鬥士，甚至因此使得自己的健康

與自由受到威脅。

　　究竟如何才能成為一位諾貝爾獎得主呢？為了回答這個問題，或許我們必須換個角度思考。你先想想，到目前為止是哪些人成為諾貝爾獎得主？我們看一下最有名的得主，那些人你一定聽過，或者往後還會再聽到很多次，例如在上物理課時。在物理課本中，你會看見許多諾貝爾獎得主的姓名，就像倫琴（Wilhelm Röntgen）──你可能已經知道什麼是 X 光機器、居禮夫人（Marie Curie）、波耳（Niels Bohr）或費米（Enrico Fermi）。毫無疑問地，他們都是現代物理學的始祖。

　　或者我們再看一下生物學或醫學。讓這個學科壯大成長的人分別是：巴夫洛夫（Ivan P. Pavlov）、柯霍（Robert Koch）及弗列明（Alexander Fleming）。此外，你閱讀過羅曼・羅蘭（Romain Rolland）、蕭伯納（George Bernard Shaw）、托馬斯・曼（Thomas Mann）或海明威（Ernest Hemingway）等人的書嗎？如果還沒有的話，你一定要去看他們的作品，不僅僅因為他們的作品曾經獲得諾貝爾文學獎，而是因為這些作品真的很偉大。

　　好了，這只是一些人名。不過我相信，你已經明白我的意思：諾貝爾獎只頒發給那些對人類知識有特

殊貢獻與拓展的先生與女士，因為他們發現了嶄新的、未知的自然法則，或是人類生命與靈魂中未知的祕密。人類因此得以開拓全新的視野。

除了你已經認識的這些諾貝爾獎得主之外，還有許多為人類帶來和平的政治家及科學家。這當然是諾貝爾先生特別傑出的想法，他認為：「沒有比理解和平的意義更難的事，和平對人類來說是難以達成的目標。」

我認識許多諾貝爾和平獎得主，他們都是相當優秀且無私的人。他們不畏艱難，努力地消弭世界上的戰爭，促進敵對的人們重新和平相處並互相尊重。這絕對不是一件簡單的任務，就像發現物理學公式或者解決一項棘手的醫學難題一樣地複雜。一些諾貝爾和平獎得主為了堅持這項崇高的任務，而付出了自己的生命，就像馬丁‧路德‧金恩博士（Martin Luther King Jr.）或拉賓（Yitzhak Rabin）。有些人已完成困難的目標，例如曼德拉（Nelson Mandela）數十年來為了對抗南非的種族隔離政策而使健康受損，但是任何牢獄之災與跟監，都無法改變他的理想。

貢獻自己的力量

我並不想要跟這些人做比較。但是，我和這些人有一個共同之處，那就是當我們知道自己獲得諾貝爾獎時，都曾經驚訝不已。為什麼？因為當我們做這些工作，或為人們做出貢獻時，完全不是為了要得到和平獎的肯定。不過，當我們得到這項殊榮時，當然也會十分高興。我們尤其樂於見到，人們真的可以為人類貢獻一己之力，而且大家對我們所做的工作也能產生共鳴。

朋友，你想知道我在想什麼嗎？我認為，任何國家都不應該再用戰爭和暴力當作國際政治的合法性工具，人們也不應該再用武器威脅別人。

回想起我擔任前蘇聯共產黨總書記，然後又被選為蘇維埃國家最高領導人時，我面對一個最重要的問題就是：如何終止無意義的核武競賽？我們如何使人類永遠免於核子災難的威脅，讓人類不再活在達摩克里斯劍（譯注：源於希臘神話，意喻幸福中潛藏的危險）的揮舞之下？

我必須在當選前蘇聯最高領導人的那一天，就開始將我的想法逐字逐句付諸實現，因為隔天我就要飛到日內瓦，參加美蘇高峰會議，展開雙方的限武談判。

幾年來，我們每年都會面，但卻沒有什麼進展，因為人們只針對自己想談判的事進行協商。

所以，我主張無論如何都應該談出一些結果了。

為了展示我們的誠意，我立刻讓美方知道，我方毫無條件地準備終止在歐洲布署高危險的中程飛彈。

之後，我跟當時的美國總統雷根開始進行一連串的通信，一開始是祕密通信，然後我們就在日內瓦直接會面。在會談結束之後，世界上存在的軍事武器馬上就比以前減少了許多，兩國也停止長期以來的敵視狀態，重新建立起對彼此的信任。

為他人帶來和平的人，也會為自己帶來和平。這是近幾年來我學到最寶貴的功課。因為只有在世界性的緩和政治氣氛中，我們當時才能夠在蘇聯進行民主化的改革——包括政治開放與經濟重建。

到今天我仍然確信，一個進步的國家，必須試著使本國人民的利益和全世界的利益結合。可惜，蘇聯過去以來沒有做到。如今，透過我們的努力和改革，我們不再感到倍受威脅，也不再威脅別人，生命的豐富性與複雜性遠超過人為的完善計畫所能想像，而我們能有這樣的想法真值得慶幸。

一九七〇年代，共產主義對人民強行實施其實也是一種暴力。當這一切成為過眼雲煙時，剛好有人從

瑞典的斯德哥爾摩打電話給我，通知我得獎的消息。

年輕的朋友，現在你知道我為什麼會成為諾貝爾獎得主了吧！你也想得到諾貝爾獎嗎？如果你真的想要，你也能做到。只要一直保持好奇心，絕不要將一個答案當成終極解答。最重要的是，你必須相信人類創新、團結和寫作的能力。

當你有一天真的成為諾貝爾獎得主時，我就會帶你參加所有諾貝爾獎得主定期舉行的會議，我們就能和其他人一起討論：如何多為人類考慮一點、科學家的研究如何更上一層樓、文學作品如何更撼動人心。然後你會恍然大悟，唯有了解真實的世界，諾貝爾獎得主的工作才能在現實中展開。

（記錄：Monika Offenberger）

米哈伊爾・戈巴契夫（Mikhail Gorbachev）

1990 年諾貝爾和平獎得主，1931 年 3 月 2 日生。以終止冷戰的貢獻，而獲得諾貝爾和平獎。現在定居莫斯科，並且擔任由他一手創立的「社會經濟與政治研究基金會」主席。

謝辭
遇見諾貝爾大師

　　你曾經和諾貝爾獎得主說過話嗎？沒有，對不對？這種機會真的不多！為了《南德日報雜誌》（*SZ-Magazin*）這個連載專題，以及這本書的出版，我才有機會認識一些諾貝爾大師。我必須透過電話、信件、e-mail 或傳真跟他們聯繫，因為他們大多都定居在美國，從事教學研究工作。因此，我經常在凌晨兩點鐘起床，揉著惺忪的睡眼，訪問大師們有關「細胞分裂的用處」、「戰爭的愚蠢」或「天空的顏色」等問題。

　　有一次，我甚至還參加了諾貝爾獎得主的研討會，地點在風光明媚的波登湖畔林島鎮（Lindau）。當時正值豔陽高照的盛暑，這些大師們個個汗流浹背，只好脫下別著名牌的外套。我到達會場的時候，他們正坐在典雅的巴德夏晨飯店（Hotel Bad Schachen）陽台上享受陽光，一面品嚐草莓蛋糕和咖啡，一面談著「細胞分裂的用處」、「戰爭的愚蠢」或「天空的顏色」

等話題。

　　沒有名牌，怎麼認出這些大師們的身分呢？每個人都認得電影明星布萊德‧彼特或茱莉亞‧羅勃茲的臉孔，但是，克利青、波拉尼、莫利納、羅勃茲和其他大師們（除了戈巴契夫或達賴喇嘛等曝光率較高的人之外），如果沒有名片，你能認得出他們嗎？

　　我一開始和一位額頭很高的白髮老先生說話，他非常高興，可惜，他不是諾貝爾獎得主，而是一位來自阿姆斯特丹的退休企業經理，到波登湖過退休後的第一個假期。之後，我就不再認錯人了。我無法確知自己如何認出這些當代的智者，也許他們有一些共同特質吧！他們不只觀察世界的表象，也深入事物的核心；他們都有旺盛的好奇心，同時卻相當拘謹，甚至有點內向。

　　在這聚會的尾聲，許多大師告訴我，他們都想嘗試用一般大眾都能了解的語言，針對小朋友的疑惑，重新回答這些困難的問題。我衷心感謝他們的努力。我們也發現，幾乎所有的諾貝爾獎大師都很謙虛且平易近人，不喜歡成為公眾的注目焦點。不過幸好我們可以藉由這本書讓下一代認識他們，這些大師和布萊德‧彼特及茱莉亞‧羅勃茲一樣重要。

　　除此之外，我也必須感謝許多對這本書的出版過

程付出心力的人。首先是那些跟大師一起研究，並為我們寫稿的寫作者（特別是 Monika Offenberg、Petra Thorbrietz 以及 Andre Behr）。還有 Christian Kammerling 和 Stefan Lemle，他們一手策劃這個專題。此外，也要感謝優秀的文字主編 Klaus Lange，從頭到尾閱讀、校對及潤飾本書的文句。Karnik Gregorian 耐心地調查研究，也是本書的一大功臣。若沒有 Gabriela Herpell 和她的小兒子 Jonny，對大師們提出這麼有趣的問題，這本書也不可能這麼多采多姿。最後，我要感謝《南德日報雜誌》的工作小組，由於他們的協助，本書才得以問世。

——本書編者　白蒂娜・史帝克 Bettina Stiekel

諾貝爾大師，請回答——從科學到哲學，孩子與諾貝爾大師的 22 段啟蒙對話 / 白蒂娜 . 史帝克 (Bettina Stiekel) 編 ; 吳信如 , 彭菲菲譯 .-- 初版 .-- 臺北市 : 時報文化 , 2018.04

　面 ；　公分 .-- (人生顧問 ; 303)

譯自 : Kinder fragen, Nobelpreisträger antworten

ISBN 978-957-13-7381-2(平裝)

1. 常識手冊　2. 諾貝爾獎

047　　　　　　　　　　　　　　　　　　　　　　　　　　107004731

Original title: Kinder fragen, Nobelpreisträger antworten by Bettina Stiekel (Ed.)
© 2001/2003 by Wilhelm Heyne Verlag
a division of Verlagsgruppe Random House GmbH, München, Germany,
arranged through HERCULES Business & Culture Development GmbH, Germany
Complex Chinese edition copyright © 2018 by China Times Publishing Company
All rights reserved.

ISBN 978-957-13-7381-2
Printed in Taiwan.

人生顧問 303

諾貝爾大師，請回答——從科學到哲學，孩子與諾貝爾大師的 22 段啟蒙對話

Kinder fragen, Nobelpreisträger antworten

策劃／艾克瑟・哈克 Axel Hacke ｜ 編者／白蒂娜・史帝克 Bettina Stiekel ｜ 譯者／吳信如、彭菲菲 ｜ 主編／陳盈華 ｜ 責任編輯／石璦寧｜ 責任企劃／黃筱涵 ｜ 美術設計／朱疋 ｜ 內文排版／薛美惠 ｜ 發行人／趙政岷 ｜ 出版者 時報文化出版企業股份有限公司　10803 台北市和平西路三段 240 號 3 樓　發行專線—(02)2306-6842　讀者服務專線—0800-231-705、(02)2304-7103　讀者服務傳真—(02)2304-6858　郵撥—19344724 時報文化出版公司　信箱—台北郵政 79-99 信箱　時報悅讀網—http://www.readingtimes.com.tw ｜法律顧問／理律法律事務所 陳長文律師、李念祖律師｜印刷／和楹印刷有限公司 ｜ 初版一刷／ 2018 年 4 月 ｜ 定價／新台幣 380 元 ｜ 行政院新聞局局版北市業字第 80 號 ｜ 版權所有　翻印必究（缺頁或破損書，請寄回更換）

時報文化出版公司成立於 1975 年，並於 1999 年股票上櫃公開發行，於 2008 年脫離中時集團非屬旺中，以「尊重智慧與創意的文化事業」為信念。